DAS TRAININGS-BUCH

Mathematik 2–4

In 3 Schritten zum Lernerfolg!

Schroedel

DAS TRAININGS-BUCH

Mathematik 2–4

Autorin:
Stefanie Schaumberg ist seit zwei Jahrzehnten Grundschullehrerin aus Überzeugung. Sie hat Unterrichtserfahrung im ländlichen und großstädtischen Raum sammeln können. Während ihrer Ausbildung zur Beratungslehrerin beschäftigte sie sich mit verschiedenen Konzepten zur Lernförderung.

© 2015 Bildungshaus Schulbuchverlage
Westermann Schroedel Diesterweg Schöningh Winklers GmbH, Braunschweig
www.schroedel.de

Das Werk und seine Teile sind urheberrechtlich geschützt. Jede Nutzung in anderen als den gesetzlich zugelassenen Fällen bedarf der vorherigen schriftlichen Einwilligung des Verlages. Hinweis zu § 52a UrhG: Weder das Werk noch seine Teile dürfen ohne eine solche Einwilligung gescannt und in ein Netzwerk eingestellt werden. Dies gilt auch für Intranets von Schulen und sonstigen Bildungseinrichtungen.
Auf verschiedenen Seiten dieses Buches befinden sich Verweise (Links) auf Internet-Adressen. Haftungshinweis: Trotz sorgfältiger inhaltlicher Kontrolle wird die Haftung für die Inhalte der externen Seiten ausgeschlossen. Für den Inhalt dieser externen Seiten sind ausschließlich deren Betreiber verantwortlich. Sollten Sie bei dem angegebenen Inhalt des Anbieters dieser Seite auf kostenpflichtige, illegale oder anstößige Inhalte treffen, so bedauern wir dies ausdrücklich und bitten Sie, uns umgehend per E-Mail davon in Kenntnis zu setzen, damit beim Nachdruck der Verweis gelöscht wird.

Druck [1] / Jahr 2015

Redaktion: imprint, Zusmarshausen
Kontakt: lernhilfen@schroedel.de
Layout: Druckreif! Sandra Grünberg, Braunschweig
Umschlaggestaltung: Janssen Kahlert Design und Kommunikation GmbH, Hannover
Umschlagfoto: Frîa Hagen
Illustrationen: Thies Schwarz, Hannover
Satz: imprint, Zusmarshausen
Druck und Bindung: westermann druck GmbH, Braunschweig
ISBN 978-3-507-23225-9

Vorwort

Liebe Schülerin, lieber Schüler,

du willst sicherer in Mathematik werden?
Dann ist das Trainingsbuch genau das Richtige für dich!
Mithilfe der 3-Schritt-Methode kannst du hier alles üben,
was in der Grundschule wichtig ist.

Die 3-Schritt-Methode ist ganz einfach.

1 **Verstehen:** Lies die Regel gründlich durch und merke dir den Inhalt.

2 **Üben:** Abwechslungsreiche **Übungen** helfen, die Regel zu verinnerlichen.

3 **Können:** Schließlich schreibst du einen **Test**, um zu überprüfen, ob du die Regel wirklich verstanden hast.

Die Lösungen für die Übungen und Tests findest du ab Seite 164. Hier findest du auch die Auswertungen zu den einzelnen Tests.

Und jetzt kann es auch schon losgehen.

Viel Erfolg beim Üben mit dem Trainingsbuch!
Stefanie Schaumberg

Inhalt

1. Zahlenräume

2. Schuljahr	Darstellungsform mit Würfeln (bis 100)	8
2. Schuljahr	Darstellung mit Strichen und Punkten (bis 100)	10
2. Schuljahr	Die Hundertertafel	12
2. Schuljahr	Zahlenstrich, Zahlenstrahl, Zahlen vergleichen	16
2. Schuljahr	Wandern auf der Hundertertafel	18
3. Schuljahr	Darstellungsform mit Würfeln (bis 1000)	22
4. Schuljahr	Der Zahlenraum bis 1 000 000	26
3./4. Schuljahr	Runden	30

2. Arithmetik: Addition und Subtraktion

2. Schuljahr	Plusaufgaben ohne Zehnerübergang	32
2. Schuljahr	Plusaufgaben mit Zehnerübergang	34
2. Schuljahr	Tauschaufgaben	36
2. Schuljahr	Minusaufgaben ohne Zehnerübergang	38
2. Schuljahr	Minusaufgaben mit Zehnerübergang	40
2. Schuljahr	Halbschriftliches Addieren und Subtrahieren (bis 100)	42
3. Schuljahr	Halbschriftliches Addieren (bis 1000)	44
3. Schuljahr	Halbschriftliches Subtrahieren (bis 1000)	46
4. Schuljahr	Schriftliche Addition (1)	48
4. Schuljahr	Schriftliche Subtraktion (1)	50
4. Schuljahr	Schriftliche Addition (2)	52
4. Schuljahr	Schriftliche Subtraktion (2)	54
4. Schuljahr	Überschlagsrechnungen	56

3. Arithmetik: Multiplikation und Division

Multiplikation	58	2. Schuljahr
Tauschaufgaben und Umkehraufgaben	60	2. Schuljahr
Division: Aufteilen	62	2. Schuljahr
Gerade Zahlen, ungerade Zahlen, Primzahlen	64	3./4. Schuljahr
Division mit Rest	68	2. Schuljahr
Das Einmaleins der 2	70	2. Schuljahr
Das Einmaleins der 3	72	2. Schuljahr
Das Einmaleins der 4	74	2. Schuljahr
Das Einmaleins der 5	76	2. Schuljahr
Das Einmaleins der 6	78	2. Schuljahr
Das Einmaleins der 7	80	2. Schuljahr
Das Einmaleins der 8	82	2. Schuljahr
Das Einmaleins der 9	84	2. Schuljahr
Das Einmaleins der 10	86	2. Schuljahr
Zusammenhänge der Einmaleins-Reihen	88	2. Schuljahr
Quadratzahlen und Wiederholung	90	2. Schuljahr
Das Einmaleins mit Zehnerzahlen	92	2. Schuljahr
Halbschriftliche Multiplikation und Division	94	3. Schuljahr
Schriftliche Multiplikation	98	4. Schuljahr
Schriftliches Dividieren ohne Rest	100	4. Schuljahr
Schriftliches Dividieren mit Rest	102	4. Schuljahr
Teilbarkeitsregeln	104	4. Schuljahr

Inhalt

4. Größen

3. Schuljahr	Geld: Umwandeln und Vergleichen	106
4. Schuljahr	Geld: Addition und Subtraktion von Kommazahlen	108
4. Schuljahr	Geld: Division und Multiplikation von Kommazahlen	110
3. Schuljahr	Längen: Messen, Umwandeln, Vergleichen	112
4. Schuljahr	Längen: Addition von mehreren Kommazahlen	114
4. Schuljahr	Längen: Multiplikation von Kommazahlen	116
3. Schuljahr	Rechnen mit Zeitangaben	118
2./3. Schuljahr	Zeitpunkt und Zeitspanne	120
3. Schuljahr	Gewichte	122
4. Schuljahr	Rauminhalte: Liter und Milliliter	128

5. Muster und Strukturen

3./4. Schuljahr	Textaufgaben richtig lösen	130
3./4. Schuljahr	Tabellen	134
4. Schuljahr	Diagramme	136
3. Schuljahr	Arithmetische Muster	138

Inhalt

6. Geometrie

Geraden und Strecken, parallel und senkrecht	144	3./4. Schuljahr
Quadrat, Rechteck, Dreieck, Vieleck	146	2. Schuljahr
Parallelogramm	148	4. Schuljahr
Kreis	150	3. Schuljahr
Flächeninhalt und Umfang	152	4. Schuljahr
Räumliche Figuren (Körper)	154	3. Schuljahr
Würfelgebäude	156	3./4. Schuljahr
Netze	158	4. Schuljahr
Achsensymmetrie	160	3. Schuljahr
Maßstab: Vergrößern und Verkleinern	162	4. Schuljahr

Lösungen ... 164

Glossar ... 206

Stichwortverzeichnis ... 207

1. Zahlenräume

1 | Darstellungsform mit Würfeln (bis 100)

Unser Zahlensystem ist ein **Zehnersystem**.
Im Zahlenraum bis 100 werden 10 Einer zu einem Zehner gebündelt.
Bei 10 Zehnern entsteht durch Bündelung wiederum ein Hunderter.

Die Zahl 132 besteht aus 2 Einern (E), 3 Zehnern (Z) und 1 Hunderter (H). Sie lässt sich in einer **Stellenwerttafel** folgendermaßen darstellen:

Hunderter	Zehner	Einer
H	Z	E
1	3	2

Richtig anschaulich wird die Zahl erst, wenn du jeden Einer durch einen Würfel (**Einerwürfel**) ersetzt. Statt 132 Würfel einzeln zu zählen, kannst du immer 10 Würfel zusammen anordnen (**Zehnerstange**). Die Zahl 100 würde dann 10 Zehnerstangen entsprechen. Vereinfacht lässt sich das durch eine **Hunderterplatte** darstellen.

Um die Zahl 132 darzustellen benötigst du also:

1 Hunderterplatte	3 Zehnerstangen	2 Einerwürfel

Darstellungsform mit Würfeln (bis 100)

1. *Kannst du schätzen wie viele Würfel es ungefähr sind?*

Überprüfe deine Schätzung, indem du 10er-Würfelgruppen einkreist.

2. *Trage die durch Würfel dargestellten Zahlen in die Stellenwerttafel ein.*

a)    b)

c)

	H	Z	E
a)			
b)			
c)			

Test

1. *Wie heißt die Zahl? Trage sie in die Stellenwerttafel ein.*

H	Z	E

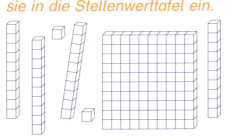

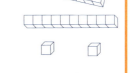

Zahlenräume

1 **Darstellung mit Strichen und Punkten (bis 100)**

Du kannst die Schreibweise vereinfachen, indem du für jede Zehnerstange einen Strich (I) und für jeden Einzelnen einen Punkt (·) zeichnest.

Beispiel:

Insgesamt ergeben sich für eine zweistellige Zahl folgende Darstellungsformen, hier am Beispiel der „achtundvierzig":

2 **1.** *Stelle die Zahlen wie oben dar.*

a) 74

b) 13

2. *Lies die Zahlwörter laut und langsam vor. Höre dabei auf die Zehner und Einer. Schreibe dann mit Ziffern.*

a) vierundachtzig   b) sechsunddreißig

c) neunundvierzig   d) dreiundzwanzig

Darstellung mit Strichen und Punkten (bis 100)

Test

1. *Zehner und Einer – schreibe wie im Beispiel.*

|||| ⋮ = 4 Z 8 E =

Z	E
4	8

= 48 = 40 + 8

a) ||| ⋮ = ... =

Z	E

= .... = ...

b) |||| • = ... =

Z	E

= .... = ...

2. *Schreibe in Worten.*

a) 3 Z + 2 E = ...

b) 9 Z + 6 E = ...

c) 1 Z + 7 E = ...

d) 0 Z + 8 E = ...

3. *Schreibe mit Ziffern.*

a) dreiundzwanzig = ...

b) sechsundvierzig = ...

c) neunundfünfzig = ...

d) achtundachtzig = ...

e) einundsechzig = ...

Zahlenräume

1. Die Hundertertafel

Auf der Hundertertafel sind die Zahlen in einem Feld angeordnet. Sie setzt sich aus 10 Zehnerstangen zusammen, die entweder in **Zeilen** oder in **Spalten** angeordnet werden können.

Die Hundertertafel besteht aus den Zahlen von 1 bis 100: In der ersten Reihe stehen die Zahlen von 1 bis 10, in der letzten Spalte stehen die reinen Zehnerzahlen von 10 bis 100.

1	2	3	4	5	6	7	8	9	10
11	12	13	14	15	16	17	18	19	20
21	22	23	24	25	26	27	28	29	30
31	32	33	34	35	36	37	38	39	40
41	42	43	44	45	46	47	48	49	50
51	52	53	54	55	56	57	58	59	60
61	62	63	64	65	66	67	68	69	70
71	72	73	74	75	76	77	78	79	80
81	82	83	84	85	86	87	88	89	90
91	92	93	94	95	96	97	98	99	100

2.

1. *Hier siehst du jeweils eine Hundertertafel.*
*Umfahre bei Bild a) jede **Zeile** mit einem farbigen Stift.*
*Umfahre bei Bild b) jede **Spalte** mit einem farbigen Stift.*

a)

1	2	3	4	5	6	7	8	9	10
11	12	13	14	15	16	17	18	19	20
21	22	23	24	25	26	27	28	29	30
31	32	33	34	35	36	37	38	39	40
41	42	43	44	45	46	47	48	49	50
51	52	53	54	55	56	57	58	59	60
61	62	63	64	65	66	67	68	69	70
71	72	73	74	75	76	77	78	79	80
81	82	83	84	85	86	87	88	89	90
91	92	93	94	95	96	97	98	99	100

b)

1	2	3	4	5	6	7	8	9	10
11	12	13	14	15	16	17	18	19	20
21	22	23	24	25	26	27	28	29	30
31	32	33	34	35	36	37	38	39	40
41	42	43	44	45	46	47	48	49	50
51	52	53	54	55	56	57	58	59	60
61	62	63	64	65	66	67	68	69	70
71	72	73	74	75	76	77	78	79	80
81	82	83	84	85	86	87	88	89	90
91	92	93	94	95	96	97	98	99	100

Tipp
Auf der Hundertertafel gilt:
Ein Schritt nach links = -1 Ein Schritt nach rechts = $+1$
Ein Schritt nach oben = -10 Ein Schritt nach unten = $+10$

Die Hundertafel

2. *In dieser Hundertertafel fehlen einige Zahlen.*
Kannst du sie wieder an den richtigen Platz setzen?

14   63   49   76   32   26   54   97

1	2	3	4	5	6	7	8	9	10
11	12	13		15	16	17	18	19	20
21	22	23	24	25		27	28	29	30
31		33	34	35	36	37	38	39	40
41	42	43	44	45	46	47	48		50
51	52	53		55	56	57	58	59	60
61	62		64	65	66	67	68	69	70
71	72	73	74	75		77	78	79	80
81	82	83	84	85	86	87	88	89	90
91	92	93	94	95	96		98	99	100

Tipp
Male alle ungeraden Zahlen rot an, dann kannst du dich besser orientieren.

3. *Welche Zahlen stehen in der ...*

a) 1. Zeile? ....

b) 10. Zeile? ....

c) 1. Spalte? ....

d) 10. Spalte? ....

Zahlenräume

4. *Suche in der Hundertertafel alle Zahlen mit …*

3 Einern: ....

8 Einern: ....

Was fällt dir auf? ....

....

5. *Suche in der Hundertertafel alle Zahlen mit …*

2 Zehnern: ....

9 Zehnern: ....

Was fällt dir auf? ....

....

6. *Suche in der Hundertertafel alle Zahlen mit …*

zwei gleichen Ziffern: ....

Was fällt dir auf? ....

....

7. *Hier hat jemand die Hundertertafel zerschnitten. Kannst du die Ausschnitte vervollständigen?*

a) 36

b) 22, 32, 44

c) 43 ... 49

d) 75

Die Hundertafel

Test

1. Hinter jedem Klecks ist eine Zahl versteckt.
Trage die verdeckten Zahlen ein.

1	2	3	4	5	6	7	8	9	10
11		13	14	15	16	17	18	19	20
21	22	23	24	25	26		28	29	30
31	32	33		35	36	37	38	39	40
41	42	43	44	45	46	47	48	49	
51	52			55	56	57	58	59	60
	62	63	64	65	66	67	68	69	70
71	72	73	74	75	76	77	78		80
81	82	83		85	86		88	89	90
91		93	94	95	96	97		99	100

2. Hier siehst du Ausschnitte aus der Hundertertafel.
Trage die fehlenden Zahlen ein.

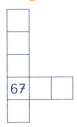
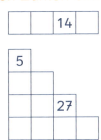

3. Schreibe alle Zahlen der letzten Spalte der Hundertertafel auf.

....

Zahlenräume

1 Zahlenstrich, Zahlenstrahl, Zahlen vergleichen

Auf einem **Zahlenstrich** oder Zahlenstrahl sind die Zahlen nach ihrer Größe geordnet.
Der Zahlenstrich stellt einen bestimmten Ausschnitt dar und dient der groben Orientierung.

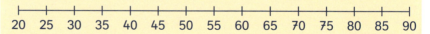

Der **Zahlenstrahl** hat einen Anfangspunkt (die Zahl Null) aber keinen Endpunkt.

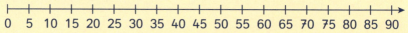

Zahlen lassen sich miteinander **vergleichen**. Dafür gibt es die Zeichen > (größer als), < (kleiner als) und = (ist gleich).

Steht bei einer **Gleichung** das Gleichheitszeichen, so befindet sich links und rechts der gleiche Wert: 23 = 23

Bei einer **Ungleichung** unterscheiden sich die Werte auf beiden Seiten voneinander: 39 < 58; 60 > 13

2

1. *Vergleiche die beiden Zahlen und trage das entsprechende Zeichen ein. Markiere anschließend alle Zahlen mit verschiedenen Farben auf dem Zahlenstrahl.*

a) 3 14   b) 61 47   c) 35 35

2. *Vergleiche die Zahlen miteinander.*
Setze die entsprechenden Zeichen >, < und = ein.

a) 16 25   b) 21 11   c) 46 97   d) 96 69
e) 88 92   f) 51 38   g) 33 33   h) 2 21

Zahlenstrich, Zahlenstrahl, Zahlen vergleichen

Tipp
Die Spitze des Größer- und Kleinerzeichens zeigt immer zur kleineren Zahl.

3. Zeichne einen Zahlenstrich in Fünferschritten von 30 bis 70. Welche Zahl liegt in der Mitte?

Test

1. Trage die Zahlen 25, 40, 65, 80, 85 ein:

0   10

2. Größer oder kleiner (>, <)?
a) 38 ▢ 41   b) 25 ▢ 27   c) 19 ▢ 91
d) 14 ▢ 36   e) 31 ▢ 13   f) 85 ▢ 49
g) 59 ▢ 47   h) 48 ▢ 62   i) 68 ▢ 60

3. Ordne die Zahlen. Beginne mit der kleinsten Zahl.

21   85   13   46   29   61   8   35

1

Zahlenräume

1 **Wandern auf der Hundertertafel**

Auf der Hundertertafel hat jede Zahl zwei direkte Nachbarn, den **Vorgänger** und den **Nachfolger**.
Man nennt sie auch **Nachbarzahlen**.
Beispiel: | 26 | 27 | 28 |

Auf der Hundertertafel sind die meisten Zahlen von vier direkten Nachbarn umgeben, die sternförmig angeordnet sind.
Beispiel:

```
       33
        |
  42 – 43 – 44
        |
       53
```

Zusätzlich hat jede Zahl zwei **Nachbarzehner**, die sich in der letzten Spalte der Hundertertafel befinden.
Beispiel: | 40 | 43 | 50 |

2 **1.** *Trage die fehlenden Nachbarzehner ein.*

40	44			56			16	
	93			78			22	

2. *Trage die Nachbarzahlen und die Nachbarzehner ein.*

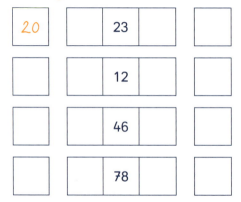

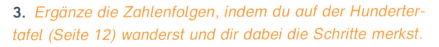

Wandern auf der Hundertertafel

3. *Ergänze die Zahlenfolgen, indem du auf der Hundertertafel (Seite 12) wanderst und dir dabei die Schritte merkst.*

a) 17, 19, 21, 23, ..., ..., 29   plus 2

b) 100, 98, ..., ..., ..., ..., 88   minus 2

c) 10, 15, ..., ..., ..., 35

d) 83, 82, ..., ..., ..., 78

e) 32, 36, 34, ..., ..., ..., 38

f) 30, 25, 20, ..., ..., ..., 0

g) 16, 26, 25, ..., ..., ..., 43

h) 63, 56, 49, ..., ..., ..., 21

4. *Verbinde die Strich-Punkt-Bilder mit den Zahlen.*

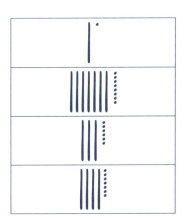

| 36 |
| 47 |
| 11 |
| 78 |

5. *Trage die fehlenden Zahlen ein.*

32	33	34	35	36	37
↓	↓	↓	↓	↓	↓

+ 10

19

Zahlenräume

6. *Trage die fehlenden Zahlen ein.*

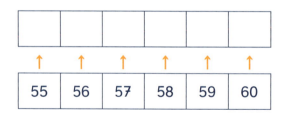

7. *Trage die fehlenden Zahlen ein.*

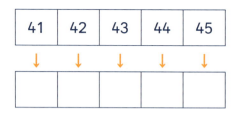

8. *Trage die fehlenden Zahlen ein.*

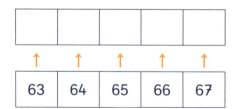

9. *Setze das Muster fort.*

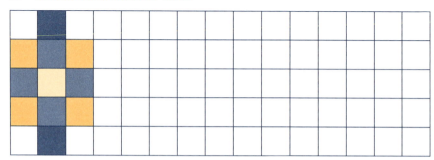

Test

1. *Trage Vorgänger und Nachfolger ein.*

| | 19 | | | | 23 | | 42 | |

| | 17 | | | | 99 | | 86 | |

2. *Verbinde die Strich-Punkt-Bilder mit den Zahlen.*

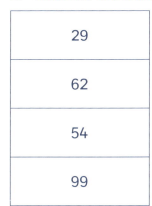
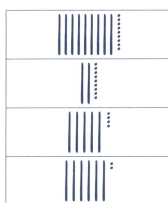

3. *Ordne die Zahlen. Beginne mit der kleinsten Zahl.*

a) 21 – 85 – 13 – 46 – 29 – 61 – 8 – 35

8 < 13 < ....

b) 66 – 11 – 95 – 15 – 33 – 47 – 58 – 82

....

4. *Trage die Nachbarzehner ein.*

| | 42 | | | | 68 | | | 24 | |

| | 92 | | | | 53 | | | 36 | |

Zahlenräume

1 Darstellungsform mit Würfeln (bis 1000)

Du erinnerst dich sicherlich an die Zehnerstangen, die wir aus 10 Würfeln gebildet haben (Seite 8). Aus 10 Zehnerstangen haben wir eine Hunderterplatte gebildet. Erweitern wir nun den Zahlenraum bis 1000 können wiederum 10 Hunderterplatten zu einem **Tausenderwürfel** (T) zusammengefasst werden.

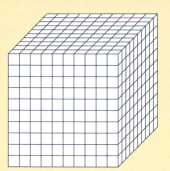

So kannst du es aufschreiben:

Tausender	Hunderter	Zehner	Einer
T	H	Z	E
1	1	4	3

In vereinfachter Darstellung:

Tausender-würfel	Hunderter-platte	Zehner-stange	Einer-würfel
⬜	□	||||	⋮

2 1. Schreibe als Zahl.

a) 6 H 3 Z 5 E .... b) 3 H 0 Z 2 E ....

c) 5 H 6 Z 1 E .... d) 7 H 8 Z 0 E ....

e) 4 H 2 Z 6 E .... f) 8 H 9 Z 1 E ....

Darstellungsform mit Würfeln (bis 1000)

2. *Kannst du schätzen wie viele Punkte es ungefähr sind?*

Es sind .... Punkte.

Tipp:
Überprüfe deine Schätzung, indem du zunächst 10er-Gruppen umkreist, diese dann zu Hundertergruppen zusammenfasst und mit einer anderen Farbe markierst.

3. *Schreibe mit Ziffern.*

a)    300 + 20 + 5 = 325

b)

c)    ....

d) ....

e) ....

f)    ....

g)

Zahlenräume

4. *Tausche Einer-Steine in Zehnerstangen und Hunderterplatten um.*

125 E

H	Z	E
		5

315 E

H	Z	E

73 E

H	Z	E

408 E

H	Z	E

5. *Trage die Hunderterschritte am Zahlenstrahl ein.*

6. *Ergänze auf 1000.*

a) .... + 500 = 1000   b) .... + 50 = 1000

c) .... + 300 = 1000   d) .... + 630 = 1000

e) .... + 600 = 1000   f) .... + 120 = 1000

g) .... + 100 = 1000   h) .... + 560 = 1000

i) .... + 1000 = 1000   j) .... + 790 = 1000

7. *Ordne die Zahlen der Größe nach.*

271   102   918   487   342   587   645   56   409   801

....

Darstellungsform mit Würfeln (bis 1000)

Test

1. Wie heißt die Zahl? Trage in die Stellenwerttafel ein.

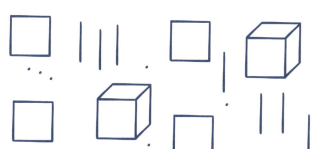

T	H	Z	E

2. Schreibe als Zahl.

a) 3 H 6 Z 5 E ....

b) 7 H 2 Z 3 E ....

c) 0 H 5 Z 1 E ....

3. Setze das entsprechende Zeichen (>, < oder =) ein.

a) 452 ▓ 609   b) 811 ▓ 643   c) 100 ▓ 1000

d) 312 ▓ 312   e) 46 ▓ 460   f) 915 ▓ 519

Zahlenräume

1   Der Zahlenraum bis 1 000 000

Du kennst bereits das Zehner-Stellenwertsystem.
In einer Stellenwerttafel werden die Zahlen stellengerecht eingetragen. Beginne immer mit den Einern.

10 Einer = 1 Zehner (Z)
10 Zehner = 1 Hunderter (H)
10 Hunderter = 1 Tausender (T)
10 Tausender = 1 Zehntausender (ZT)
10 Zehntausender = 1 Hunderttausender (HT)
10 Hunderttausender = 1 Million (M)

Beispiel: Die Zahl 1 260 513, also eine Million zweihundertsechzigtausendfünfhundertdreizehn schreibt man so in eine Stellenwerttafel:

M	HT	ZT	T	H	Z	E
1	2	6	0	5	1	3

Fehlende Stellenwerte stellt man durch eine Null dar.

2   1. Trage die Zahlen in die Stellenwerttafel ein.

Zahl	M	HT	ZT	T	H	Z	E
114							
596 315							
1 284 013							
96							
8604							

Der Zahlenraum bis 1 000 000

2. *Schreibe mit Ziffern.*

a) achttausenddreihundertdreiundzwanzig

....

b) fünfzehntausenddreihundertsechsunddreißig

....

c) siebenhunderttausenddrei

....

d) zwei Millionen dreizehntausendeinhundertdrei

....

e) neunzehntausendvierhundertunddreizehn

....

f) eintausendundeinundfünfzig

....

3. *Wie lauten die am Zahlenstrahl markieren Zahlen?*

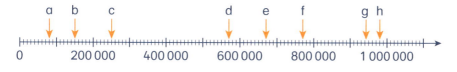

a: ....   b: ....

c: ....   d: ....

e: ....   f: ....

g: ....   h: ....

Zahlenräume

4. *Schreibe in Worten.*

a) 300 000 + 20 000 + 5000 + 300 + 30 + 7

....

....

b) 60 000 + 30 000 + 4000 + 800 + 3

....

....

c) 50 + 10 000 + 50 000 + 4 + 800

....

....

d) 1 000 000 + 20 000 + 6000 + 200 + 10

....

....

e) 200 000 + 40 + 5

....

....

> **Tipp:**
> Ordne die Zahlen zuvor dem Stellenwert entsprechend.

5. *Trage die Zahlen 90 000, 110 000, 150 000, 170 000 und 200 000 am Zahlenstrich ein.*

Der Zahlenraum bis 1 000 000

Test 3

1. *Ordne die Zahlen der Größe nach:*
446, 513, 265, 14, 889, 175, 447, 982

....

2. *Zeichne die Zahlen auf den Zahlenstrahlen ein.*
a) ~~210 000~~, 300 000, 260 000, 240 000, 310 000

b) 630 500, 630 700, 630 200, 630 900, 630 100

3. *Schreibe in Ziffern.*

a) dreihundertneunundachtzigtausendsechshundertdrei

....

b) neunhundertzweiunddreißigtausendzweihundertneunzehn

....

c) eine Million achthunderttausendfünfhundertzwei

....

Zahlenräume

1 **Runden**

Um mit großen Zahlen leichter umgehen zu können, kannst du sie **runden**. Dabei legt man nur den ungefähren Zahlenwert fest. Das Zeichen ≈ sprichst du „**gerundet**" (oder auch **ungefähr, rund, zirka** ...).

Die Zahl, die **rechts** neben der Stelle steht, auf die gerundet werden soll, legt die Rundungsregel fest.
Bei **0, 1, 2, 3, 4** rundest du **ab**,   22 ≈ 20
bei **5, 6, 7, 8, 9** rundest du **auf**.   28 ≈ 30

Wenn du auf Zehner, Hunderter, Tausender etc. rundest, nehmen alle Ziffern rechts von der Rundungsstelle den Wert 0 an.

Runden **auf Zehner**   23**8**9 ≈ 2990 (aufgerundet)
Runden **auf Hunderter**   2**5**15 ≈ 2500 (abgerundet)
Runden **auf Tausender**   2**7**26 ≈ 3000 (aufgerundet)

2 **1.** *Runde auf Zehner.*

a) 3**6**6 ≈ ....   b) 5**0**2 ≈ ....   c) 69**7** ≈ ....

2. *Runde auf Hunderter.*

a) **3**28 ≈ ....   b) **7**95 ≈ ....   c) **1**62 ≈ ....

3. *Runde auf Tausender.*

a) **2**413 ≈ ....   b) **8**622 ≈ ....   c) **1**903 ≈ ....

4. *Runde auf Zehntausender.*

a) 4**2**612 ≈ ....   b) 5**4** 239 ≈ ....

c) **7**2818 ≈ ....   d) 6**6** 422 ≈ ....

Runden

5. Trage die auf Zehntausender gerundeten Zahlen in den Zahlenstrahl ein.

69 529   75 386   54 916
  110 459   59 998

50 000   100 000

Test   3

1. Runde die Zahlen.

	19 346	36 548	768 649
auf Hunderter			
auf Tausender			
auf Zehntausender			

2. Finde die fehlende Zahl heraus.

Gerundet auf Zehner: Gerundet auf Hunderter:

a) 3_8 ≈ 380   e) _56 ≈ 500

b) 7_2 ≈ 730   f) _23 ≈ 400

c) 4_6 ≈ 470   g) _64 ≈ 700

d) 2_5 ≈ 280   h) _95 ≈ 900

2. Arithmetik: Addition und Subtraktion

1 Plusaufgaben ohne Zehnerübergang

23 + 4 = ?   Diese Art von Plusaufgaben kannst du einfach
3 + 4 = 7   rechnen, indem du in einem **Zwischenschritt**
20 + 7 = **27**   zunächst nur die Einer addierst.
Im zweiten Schritt bildest du die Summe aus Zehnern und Einern.

Bei der Addition von zweistelligen Zahlen kannst du ähnlich verfahren:

23 + 14 = ?   Addiere nur die Einer und merke dir das
3 + 4 = 7   Zwischenergebnis.
20 + 10 = 30   Bilde die Summe aus den Zehnern und
30 + 7 = **37**   addiere das Zwischenergebnis.

Tipp:
Denke an die verwandte „kleine Aufgabe" (Analogieaufgabe) in der ersten Zeile.

z.B.: Addition von 5

1. Spalte ↓   +5
1. Zeile →

1	2	3	4	5	6	7	8	9	10	1 + 5 = 6
11	12	13	14	15	16	17	18	19	20	11 + 5 = 16
21	22	23	24	25	26	27	28	29	30	21 + 5 = 26
31	32	33	34	35	36	37	38	39	40	31 + 5 = 36
41	42	43	44	45	46	47	48	49	50	41 + 5 = 46
51	52	53	54	55	56	57	58	59	60	51 + 5 = 56
61	62	63	64	65	66	67	68	69	70	61 + 5 = 66
71	72	73	74	75	76	77	78	79	80	71 + 5 = 76
81	82	83	84	85	86	87	88	89	90	81 + 5 = 86
91	92	93	94	95	96	97	98	99	100	91 + 5 = 96

Plusaufgaben ohne Zehnerübergang

1. Verbinde und berechne.

23 + 4	3 + 4 = 7	57 + 42 =	
31 + 7	5 + 3	23 + 14 =	37
45 + 3	4 + 4	64 + 34 =	
82 + 6	7 + 2	31 + 27 =	
64 + 4	1 + 7	45 + 33 =	
57 + 2	2 + 6	82 + 16 =	

Test

1. Rechne in zwei Schritten im Kopf.

a) 33 + 4 = ...   b) 65 + 3 = ...   d) 22 + 7 = ...

2. Rechne in mehreren Schritten im Heft.

a) 24 + 13 = ...   b) 66 + 33 = ...   d) 51 + 29 = ...

3. Verbinde Aufgabe, Zwischenschritt und Ergebnis.

Aufgabe	Zwischenschritt	Ergebnis
55 + 4	6 + 3	79
33 + 17	2 + 8	59
56 + 23	3 + 5	70
62 + 8	5 + 4	98
73 + 25	4 + 5	50
14 + 35	3 + 7	49
27 + 13	6 + 4	40
56 + 44	7 + 3	100

Arithmetik: Addition und Subtraktion

1 **Plusaufgaben mit Zehnerübergang**

Um sicher zu rechnen, kannst du zuerst den Zehner auffüllen.
Dann erst zählst du die restlichen Einer dazu.

17 + 4 = ☐
17 + 3 + 1 = 21

Bei Plusaufgaben mit zweistelligen Zahlen gibt es zwei Rechenwege:

Rechenweg 1	Rechenweg 2
46 + 27 =	46 + 27 =
46 + 20 = 66	46 + 7 = 53
66 + 7 = 73	53 + 20 = 73

2 **1.** *Berechne.*

a) 6 + 5 = ... b) 7 + 4 = ... c) 8 + 3 = ...

d) 9 + 6 = ... e) 5 + 7 = ... f) 4 + 8 = ...

2. *Verschiedene Wege führen zum Ergebnis. Rechne auf deinem Weg.*

a) 20 + 50 = ... b) 8 + 7 = ... c) 42 + 9 = ...

d) 36 + 50 = ... e) 48 + 37 = ... f) 42 + 19 = ...

g) 36 + 57 = ... h) 18 + 67 = ... i) 42 + 29 = ...

Tipp:
Übe die Plus-Aufgaben bis 20 regelmäßig. Versuche, dir die Wege auf der Hundertertafel (Seite 12) vorzustellen.

Plusaufgaben mit Zehnerübergang

Test

1. *Verbinde alle Aufgaben, deren Ergebnis gleich ist.*

| 8 + 8 = ... |
| 6 + 5 = ... |
| 7 + 8 = ... |

| 7 + 4 = ... |
| 9 + 7 = ... |
| 9 + 6 = ... |

2. *Ergänze zum vollem Zehner.*

40	
13	27
22	
35	
17	
3	

70	
48	
27	
11	
58	
62	

90	
85	
52	
61	
43	
81	

3. *Rechne auf deinem Weg.*

a) 27 + 14 = ...   b) 76 + 15 = ...

c) 36 + 28 = ...   d) 25 + 16 = ...

e) 43 + 18 = ...   f) 49 + 24 = ...

g) 64 + 27 = ...   h) 39 + 19 = ...

Arithmetik: Addition und Subtraktion

1 Tauschaufgaben

Tauschaufgaben haben immer das gleiche Ergebnis.

15 + 24 = 39

24 + 15 = 39

21 + 58 = ▮
58 + 21 = ▮
58 + 20 + 1 = 79

Tipp:
Manchmal ist es einfacher, beim Addieren die Tauschaufgabe zu rechnen.

Die Möglichkeit zu tauschen kannst du dir auch bei der Addition mit mehreren Summanden zunutze machen. Diese können in beliebiger Reihenfolge summiert werden, ohne dass sich das Ergebnis ändert.

Aufgaben in Klammern werden immer zuerst gelöst.

Suche nach Zahlenpaaren, die ein Rechnen im Kopf erleichtern. Setze dann die Summanden, die du zusammenfassen möchtest, in Klammern.

34 + 21 + 45 = ▮
(34 + 21) + 45 = 55 + 45 = 100 oder
21 + (34 + 45) = 21 + 79 = 100

Tipp:
Beachte, dass sich das nur auf die Addition und die Multiplikation anwenden lässt.

2

1. *Löse die Aufgaben mit der Tauschaufgabe.*

a) 21 + 57 = ... b) 16 + 64 = ...

c) 31 + 48 = ... d) 26 + 59 = ...

e) 14 + 68 = ... f) 24 + 37 = ...

Tauschaufgaben

2. *Fasse geschickt zusammen und löse im Heft.*

a) 17 + 38 + 23 b) 11 + 57 + 29 c) 24 + 35 + 26
d) 12 + 47 + 28 e) 4 + 18 + 36 f) 23 + 19 + 47

Test   3

1. Ergänze. Bilde die Tauschaufgabe, wenn du damit leichter rechnen kannst.

a)

+26	
15	41
37	
19	
48	

b)

+48	
16	
39	
42	
27	

c)

+11	
28	
56	
4	
78	

d)

+49	
14	
38	
29	
12	

2. Fasse geschickt zusammen und löse die Aufgaben.

a) 16 + 29 + 14 = ...

b) 34 + 13 + 26 = ...

c) 21 + 39 + 15 = ...

d) 27 + 36 + 13 = ...

Arithmetik: Addition und Subtraktion

1 **Minusaufgaben ohne Zehnerübergang**

Bei Minusaufgaben mit Einern kannst du zuerst die „leichte Aufgabe" rechnen.
48 – 5 = ?
8 – 5 = 3
48 – 5 = **43**

Jede Minusaufgabe kannst du als Ergänzungsaufgabe rechnen.
85 – 34 = ▢
34 + ▢ = 85
34 + 6 = 40
40 + 45 = 85

6 + 45 = 51 ⇒ 85 – 34 = **51**

Tipp:
Bei großen Aufgaben denke ich an die verwandte „kleine Aufgabe" (Analogieaufgabe) in der ersten Zeile.

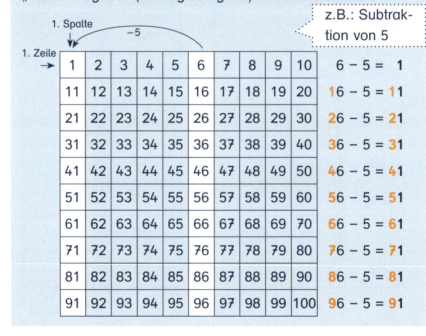

z.B.: Subtraktion von 5

1. Spalte, –5
1. Zeile →

1	2	3	4	5	6	7	8	9	10	6 – 5 = 1
11	12	13	14	15	16	17	18	19	20	16 – 5 = 11
21	22	23	24	25	26	27	28	29	30	26 – 5 = 21
31	32	33	34	35	36	37	38	39	40	36 – 5 = 31
41	42	43	44	45	46	47	48	49	50	46 – 5 = 41
51	52	53	54	55	56	57	58	59	60	56 – 5 = 51
61	62	63	64	65	66	67	68	69	70	66 – 5 = 61
71	72	73	74	75	76	77	78	79	80	76 – 5 = 71
81	82	83	84	85	86	87	88	89	90	86 – 5 = 81
91	92	93	94	95	96	97	98	99	100	96 – 5 = 91

2 **1.** *Berechne.*

a) 9 – 4 = ...   b) 28 – 3 = ...   c) 37 – 5 = ...

d) 48 – 3 = ...   e) 7 – 5 = ...   f) 79 – 4 = ...

g) 19 – 4 = ...   h) 8 – 3 = ...   i) 57 – 5 = ...

Minusaufgaben ohne Zehnerübergang

2. *Rechne mit der Ergänzungsaufgabe im Heft.*

a) 76 – 32 = ...   b) 58 – 24 = ...   c) 67 – 45 = ...

Test 3

1. *Löse die Aufgaben der Tabelle indem du von jeder Zahl der 1. Spalte je eine Zahl der ersten Zeile subtrahierst. Beispiel: 58 – 7 = 51.*

–	7	17	27	37
58	51			
79				
68				
89				

–	9	19	29	39
48				
57				
95				
63				

2. *Berechne mit der Ergänzungsaufgabe im Heft.*

a) 70 – 27   b) 58 – 43   c) 42 – 21   d) 88 – 53
e) 94 – 43   f) 76 – 35   g) 98 – 42   h) 69 – 58
i) 71 – 20   j) 49 – 22

3. *Ergänze.*

100	
68	
51	
36	
49	

67	
42	
36	
21	
15	

Arithmetik: Addition und Subtraktion

1 Minusaufgaben mit Zehnerübergang

Bei Aufgaben mit Zehnerübergang kannst du bis zum Zehner rechnen und dann weiter.

37 − 8 = ☐   oder   37 − 7 = 30
37 − 7 − 1 = 29   30 − 1 = 29

Bei Minusaufgaben mit zweistelligen Zahlen gibt es verschiedene Möglichkeiten zu rechnen.

Rechenweg 1   Rechenweg 2
72 − 25 = ☐   72 − 25 = ☐
72 − 5 = 67   72 − 20 = 52
67 − 20 = 57   52 − 5 = 47

2

1. *Berechne.*

a) 32 − 5 = ...   b) 43 − 6 = ...

c) 51 − 3 = ...   d) 65 − 7 = ...

e) 82 − 8 = ...   f) 22 − 7 = ...

g) 71 − 4 = ...   h) 94 − 9 = ...

i) 44 − 5 = ...

2. *Rechne auf deinem Weg.*

a) 81 − 27 = ...   b) 72 − 26 = ...

c) 63 − 35 = ...   d) 54 − 45 = ...

Tipp:
Übe die Minus-Aufgaben bis 20 regelmäßig. Versuche, dir die Wege auf der Hundertertafel vorzustellen.

Minusaufgaben mit Zehnerübergang

Test

1. *Berechne.*

a) 46 − 9 = ... b) 81 − 3 = ...

c) 35 − 7 = ... d) 52 − 6 = ...

e) 56 − 8 = ... f) 31 − 4 = ...

g) 73 − 9 = ... h) 62 − 5 = ...

2. *Rechne in zwei Schritten.*

8	2	−	6	5	=		
8	2	−			=		
		−			=		

6	4	−	4	9	=		
6	4	−			=		
		−			=		

9	3	−	8	5	=		
9	3	−			=		
		−			=		

5	6	−	2	9	=		
5	6	−			=		
		−			=		

8	6	−	3	7	=		
8	6	−			=		
		−			=		

7	3	−	2	6	=		
7	3	−			=		
		−			=		

3. *Richtig (r) oder falsch (f)?*
Rechne nach und verbessere, wenn nötig.

a) 47 − 18 = 28 .... b) 56 − 29 = 27 ....

c) 92 − 65 = 27 .... d) 72 − 46 = 25 ....

e) 63 − 26 = 27 .... f) 85 − 56 = 11 ....

Arithmetik: Addition und Subtraktion

1 **Halbschriftliches Addieren und Subtrahieren (bis 100)**

Bei der **halbschriftlichen Addition** rechnest du im Kopf, notierst aber wichtige Zwischenergebnisse.

78 + 12 = ?

70 + 10 = 80   1. Zehner der beiden Zahlen addieren
 8 + 2 = 10   2. Einer der beiden Zahlen addieren
80 + 10 = **90**   3. Zwischenergebnisse addieren

Oder so:
78 + 12 = ?   1. Zehner der zweiten Zahl addieren
78 + 10 = 88   2. Einer der zweiten Zahl zum Zwischenergebnis addieren
88 + 2 = **90**

Bei der halbschriftlichen **Subtraktion** rechnest du im Kopf, notierst aber wichtige Zwischenergebnisse.
Hier ist nur ein Weg möglich:

78 − 12 = ?
78 − 10 = 68   1. Zehner der zweiten Zahl subtrahieren.

68 − 2 = **66**   2. Einer der zweiten Zahl subtrahieren.

2   **1.** *Notiere das Zwischenergebnis und rechne aus.*

a) 54 + 36 = ………   b) 71 + 16 = ………

    54 + 30 = 84
    84 +   6 =

c) 27 + 37 = ………   d) 58 + 25 = ………

Halbschriftliches Addieren und Subtrahieren (bis 100)

2. *Notiere das Zwischenergebnis und rechne aus.*

a) 82 − 28 = ...

```
8 2 − 2 0 = 6 2
6 2 −   8 =
```

b) 55 − 28 = ...

c) 43 − 29 = ...

d) 36 − 24 = ...

e) 47 − 19 = ...

f) 43 − 38 = ...

Test   3

1. *Addiere.*

36 + 36 = ...

47 + 47 = ...

33 + 33 = ...

28 + 28 = ...

2. *Subtrahiere.*

66 − .... = 32

44 − .... = 35

32 − .... = 17

69 − .... = 51

Platz für Nebenrechnungen:

Arithmetik: Addition und Subtraktion

1 Halbschriftliches Addieren (bis 1000)

So addierst du größere Zahlen halbschriftlich:

623 + 275 = ?

600 + 200	= 800	1. Hunderter addieren
20 + 70	= 90	2. Zehner addieren
3 + 5	= 8	3. Einer addieren
800 + 90 + 8	= **898**	4. Zwischenergebnisse addieren

Oder so:

623 + 275 = ?   1. Hunderter addieren

623 + 200 = 823

823 + 70 = 893   2. Zehner der 2. Zahl zum
                                         Zwischenergebnis addieren

893 + 5 = **898**   3. Einer der 2. Zahl zum
                                         Zwischenergebnis addieren

2 1. *Addiere in mehreren Schritten.*

a) 514 + 348 = ...   b) 456 + 539 = ...

c) 243 + 356 = ...   d) 725 + 127 = ...

Halbschriftliches Addieren (bis 1000)

e) 339 + 413 = ... f) 631 + 248 = ...

Test

1. *Rechne aus.*

a) 392 + 516 = ... b) 435 + 847 = ...

c) 342 + 929 = ... d) 936 + 748 = ...

e) 1712 + 529 = ... f) 2314 + 1865 = ...

Arithmetik: Addition und Subtraktion

1 **Halbschriftliches Subtrahieren (bis 1000)**

So subtrahierst du halbschriftlich:

453 − 147 = ?

453 − 100 = 353   1. Hunderter der 2. Zahl subtrahieren
353 −   40 = 313   2. Zehner der 2. Zahl subtrahieren
313 −   7 = **306**   3. Einer der 2. Zahl subtrahieren

2 **1.** *Beginne mit der Hunderterzahl und rechne aus.*

a) 543 − 239 = ...   b) 911 − 823 = ...

c) 859 − 437 = ...   d) 349 − 184 = ...

e) 251 − 189 = ...   f) 542 − 288 = ...

Tipp:
Beschrifte den Zahlenstrahl, um dich besser orientieren zu können.

Halbschriftliches Subtrahieren (bis 1000)

Test

1. *Rechne in mehreren Schritten. Vergleiche deine Ergebnisse mit den Zahlen auf den Kärtchen.*

a) 986 − 329   b) 725 − 536   c) 574 − 286
d) 835 − 496   e) 682 − 493

a) 986 − 329 = ?
   986 − 300 =
       − 20 =
       − 9 = 657

b)

c)

d)

e)

Lösungen: 189   657   288   189
               339

Arithmetik: Addition und Subtraktion

1 **Schriftliche Addition (1)**

So addierst du schriftlich:

	H	Z	E
	4	7	6
+	2	5	7
		1	1
	7	3	3

1. Einer addieren, Übertrag (6 + 7 = **1**3)
2. Zehner addieren (Übertrag)
3. Hunderter addieren

Vergiss den Übertrag nicht.

2 **1.** *Schreibe die Zahlen stellengerecht untereinander und achte auf den Übertrag. Rechne aus.*

a) 173 + 818   b) 289 + 346

c) 492 + 325   d) 341 + 599

e) 658 + 119 + 14   f) 1812 + 279 + 625

Schriftliche Addition (1)

2. *Rechne im Heft und trage die fehlenden Zahlen ein.*

+ 327	
144	471
439	
566	
294	

+ 243	
511	
669	
349	
298	

Test   3

1. *Kreise die Fehler ein. Notiere wodurch sie entstanden sind. Beispiele:*
(1) Übertrag falsch   (2) Rechenfehler   (3) Übertrag fehlt

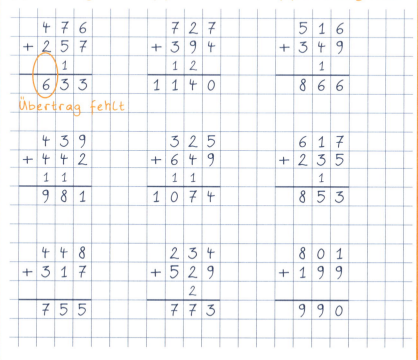

Arithmetik: Addition und Subtraktion

1 Schriftliche Subtraktion (1)

So subtrahierst du schriftlich:
Beginne immer mit der Einerstelle und subtrahiere durch **Ergänzen**.

	H	Z	E
	9	5	3
−	5	8	7
	1	1	
	3	6	6

Einer:
6 + 7 = 13   schreibe 6, übertrage 1
Zehner:
6 + 1 + 8 = 15 schreibe 6, übertrage 1
Hunderter:
3 + 1 + 5 = 9   schreibe 3

2

1. *Schreibe die Zahlen stellengerecht untereinander und achte auf den Übertrag. Rechne aus.*

a) 962 − 273 b) 871 − 449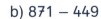

c) 757 − 375   d) 983 − 524

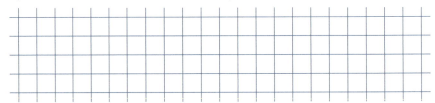

e) 691 − 413   f) 422 − 349

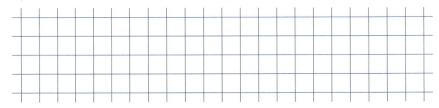

Schriftliche Subtraktion (1)

Test

1. Subtrahiere schriftlich. Achte auf den Übertrag.

a) 872 – 263   b) 513 – 425   c) 602 – 396

2. Kreise die Fehler ein. Notiere wodurch sie entstanden sind. Beispiele:
(1) Übertrag falsch (2) Rechenfehler (3) Übertrag fehlt

```
  8 9 4        9 7 3        6 5 3
– 7 1 6      – 4 4 9      – 3 1 8
  1 1            2
    7 8        5 1 4        3 4 5


  7 0 2        1 0 4        6 5 3
– 3 5 5      –   9 8      – 5 4 4
  1 1
  3 4 8        1 1 9        1 1 9


  9 0 9        3 0 1        8 3 6
– 8 0 8      – 1 9 9      – 1 2 9
  1 1            2 1                1
    9 1              2        7 0 8
```

Arithmetik: Addition und Subtraktion

1 Schriftliche Addition (2)

Wenn du große Zahlen schriftlich addierst ist es wichtig, dass du sie stellengerecht untereinander schreibst. Hierbei hilft dir die Stellenwerttafel. Beginne immer mit den Einern. Ist das Ergebnis der Addition größer als 9, schreibst du unter die nächsthöhere Stelle den Übertrag.

Beispiel: 38437 + 7416

ZT	T	H	Z	E
	3	8	4	3	7
+		7	4	1	6
		1		1	
	4	5	8	5	3

Tipp:
6 E + 9 E = 3 E;
du wechselst 10 E in 1 Z;
dann notierst du 3 E und merkst dir
1 (Übertrag) bei den Zehnern.

2

1. *Schreibe die Aufgaben stellengerecht untereinander und addiere.*

a) 84516 + 11309   b) 46074 + 8538

c) 92215 + 9666   d) 468134 + 169556

Schriftliche Addition (2)

2. *Addiere stellengerecht.*

a) neunhundertvierundfünfzig-
tausenddreihundertachtund-
sechzig plus vierunddreißig-
tausendzweihundertdrei

b) sechshundertdreiund-
achtzigtausendfünfhundert-
dreiundvierzig plus
hundertzehntausendvier-
hundertdreiundsiebzig

Test

1. *Ergänze.*

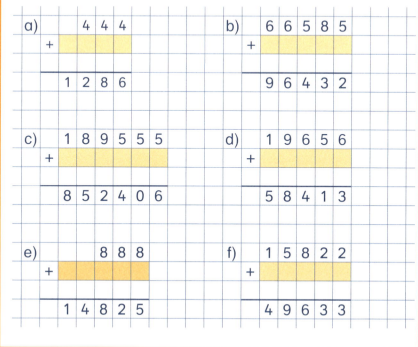

Arithmetik: Addition und Subtraktion

1 Schriftliche Subtraktion (2)

Wenn du große Zahlen subtrahierst ist es wichtig, dass du sie stellengerecht untereinanderschreibst. Hierbei hilft dir die Stellenwerttafel. Beginne immer mit den Einern.

Beispiel:

	ZT	T	H	Z	E
	3	6	7	4	8
–	1	2	3	0	7
	2	4	4	4	1

Ist die untere Zahl bei der Einerstelle größer als die obere, musst du einen Zehner bei der vorhergehenden Stelle wechseln und als Übertrag notieren.

Beispiel:

	ZT	T	H	Z	E
	3	6	7	4	7
–	1	2	3	0	8
				1	
	2	4	4	3	9

→ Durch den eingewechselten Zehner kannst du hier nun mit 17 Einern rechnen.

2

1. Schreibe untereinander. Subtrahiere schriftlich.

a) 38 426 – 9817

b) 72 691 – 29 836

c) 58 713 – 6844

d) 63 402 – 25 386

Schriftliche Subtraktion (2)

2. Ergänze die fehlenden Zahlen.

Test

1. Überschlage zuerst (siehe Seite 56), rechne dann.

a) 77 653 − 35 565   b) 943 251 − 289 723

Ü: ....

Ü: ....

2. Hier war der Fehlerteufel am Werk. Was ist falsch gelaufen? Kreise ein. Tipp: In einer Aufgabe können mehrere Fehler versteckt sein.

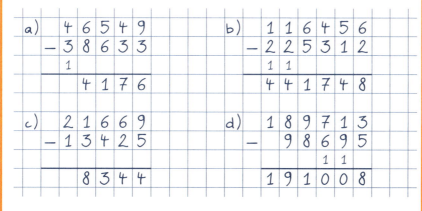

55

Arithmetik: Addition und Subtraktion

1 | Überschlagsrechnungen

Um vorher ein Ergebnis abschätzen zu können und mögliche Rechenfehler zu erkennen, machst du eine Überschlagsrechnung.
Du kannst die Zahl am einfachsten überschlagen, wenn du auf die höchste Stelle rundest. Genauer wird dein Ergebnis jedoch, je niedriger die Stelle ist, auf die du rundest.
Ü = Überschlag

2   **1.** *Mache einen Überschlag und rechne dann genau aus.*

a) 4643 + 56803

Ü: 5000 + 56000

≈ 61000

```
      4 6 4 3
+ 5 6 8 0 3
_____
```

b) 874231 + 305 + 111655

Ü: ....

c) 708913 − 26850

Ü: ....

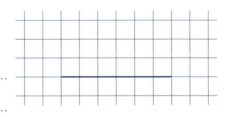

d) 430503 − 112643

Ü: ....

Überschlagsrechnungen

2. *Welche Ergebnisse sind größer als 100 000? Schätze. Rechne anschließend im Heft und vergleiche.*

a) 245 619 − 139 423 ☐ ja ☐ nein

Ü: ....

b) 816 334 − 759 612 ☐ ja ☐ nein

Ü: ....

c) 78 614 + 20 986 ☐ ja ☐ nein

Ü: ....

d) 51 982 + 48 762 ☐ ja ☐ nein

Ü: ....

3. *Überschlage im Kopf. Verbinde die Aufgaben mit den Ergebnissen, ohne zu rechnen.*

134 567 + 845 678

365 782 + 126 891

982 534 − 256 789

725 745   980 245   492 673

Test   3

1. *Rechne mit gerundeten Werten.*
Familie Meuer hat 853 426 €
im Lotto gewonnen. 421 000 €
spendet sie an den Tierschutz-
verein. Kann sie sich nun noch
ein neues Haus im Wert von
520 000 € leisten?

8	5	0	0	0	0	€

A: ....

3. Arithmetik: Multiplikation und Division

Multiplikation

Statt mehrfach die gleiche Zahl zu addieren, kannst du auch multiplizieren: In der Illustration siehst du 5 Sitzreihen mit jeweils 2 Personen: 2 + 2 + 2 + 2 + 2 = 10
Schreibe kurz: 5·2 = 10

1. *Schreibe als Addition und Multiplikation.*

a) ..6.. + ... + ... + ... + ... = ... ; ..5.. · ...... = ...

b) ...... + ... + ... = ... ; ...... · ...... = ...

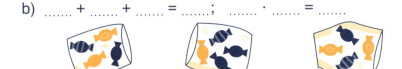

c) ..... + ... + ... + ... + ... + ... + ... + ... + ... = ... ;
..... · ..... = ...

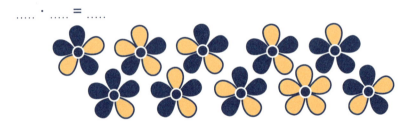

Multiplikation

2. *Verbinde, was zusammengehört.*

6·3 = 18

3·2 = 6

4·5 = 20

Test

1. *Schreibe als Malaufgabe und rechne aus.*

a) 9 + 9 + 9 + 9 = ...

b) 8 + 8 + 8 + 8 + 8 = ...

c) 3 + 3 + 3 + 3 + 3 = ...

d) 4 + 4 + 4 + 4 + 4 = ...

2. *Schreibe als Plusaufgabe und berechne.*

a) 7 · 7 = ...

b) 6 · 9 = ...

c) 8 · 6 = ...

d) 4 · 5 = ...

Arithmetik: Multiplikation und Division

1 **Tauschaufgaben und Umkehraufgaben**

Tauschaufgaben haben immer das gleiche Ergebnis.

2·3 = 6 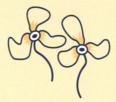   3·2 = 6

Die zur Geteiltaufgabe passende Malaufgabe nennt man **Umkehraufgabe**.
Sie hilft dir beim Rechnen und dient als Kontrolle.

Beispiel: 12 : 4 = 3
3 · 4 = 12

2 **1.** *Schreibe die Mal- und die Tauschaufgabe. Berechne.*

a)  b)  c)

5 · 4 = ... · ...... = ... · ...... = ...

...... · ...... = ... · ...... = ... · ...... = ...

2. *Schreibe die Umkehraufgabe und berechne.*

a)  b)

18 : 6 = ... : ...... = ...

...... · ...... = ... · ...... = ...

Tauschaufgaben und Umkehraufgaben

3. *Schreibe die Tauschaufgabe. Rechne.*

7 · 3 = ...   4 · 8 = ...   3 · 6 = ...

.... · .... = ... · .... = ... · .... = ...

4. *Schreibe die Umkehraufgabe. Rechne.*

24 : 8 = ...   49 : 7 = ...   45 : 5 = ...

.... · .... = ... · .... = ... · .... = ...

5. *Vervollständige.*

24 : 6 = ... , denn .... · .... = ...

30 : 5 = ... , denn .... · .... = ...

18 : 9 = ... , denn .... · .... = ...

Test 3

1. *Verbinde Aufgabe und Umkehraufgabe.*

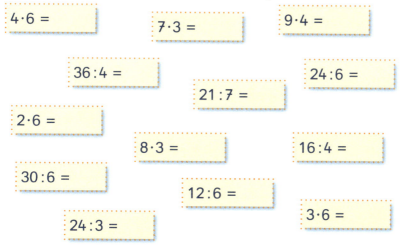

Arithmetik: Multiplikation und Division

1 **Division: Aufteilen**

Beim **Aufteilen** nimmt man immer die gleiche Anzahl weg.
Wie oft geht das? Beispiel: Teile auf. Immer 5.

Rechnung: 15 : 5 = 3

2 **1.** *Immer 7. Teile die Schokoäpfel auf.*

Rechnung: ....

2. *Immer 3. Teile die Blumen auf.*

Rechnung: ....

3. *Verbinde Aufgabe und Ergebnis.*

21 : 3   16 : 4   20 : 4   18 : 3

4   5   6   7

Division: Aufteilen

Test 3

1. *Verteile 12 Lebkuchenherzen an die 4 Kinder.*

Rechnung: ....

2. *Verteile die Äpfel gerecht.*

Rechnung: ....

3. *Verteile ...*

a) an fünf Kinder.   b) auf drei Teller.

   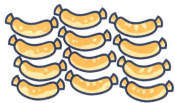

.... : .... = ... : .... = ...

Arithmetik: Multiplikation und Division

1 **Gerade Zahlen, ungerade Zahlen, Primzahlen**

Eine Zahl heißt **gerade**, wenn sie ohne Rest durch 2 teilbar ist.
Bei einer **ungeraden** Zahl bleibt, wenn man sie auf zwei aufteilt, immer ein **Rest** von 1.

Beispiel: Tim hat von Oma 10 Aufkleber geschenkt bekommen. Er kann sie gerecht mit seiner Schwester Miriam teilen, sodass jeder 5 Aufkleber bekommt. Mit 9 Aufklebern geht das nicht.

Primzahlen sind nur durch 1 und durch sich selbst ohne Rest teilbar. 1 ist keine Primzahl.

2 **1.** *Färbe auf dem Zahlenstrahl alle ungeraden Zahlen rot und alle geraden Zahlen blau. Was fällt dir auf?*

Mir fällt auf, dass ....

....

....

Gerade Zahlen, ungerade Zahlen, Primzahlen

2. *Berechne.*

a) 14 + 2 = ...   b) 11 + 3 = ...

    14 + 4 = ...   11 + 5 = ...

    14 + 6 = ...   11 + 7 = ...

c) 11 + 2 = ...   d) 12 + 1 = ...

    13 + 4 = ...   14 + 3 = ...

    15 + 4 = ...   10 + 5 = ...

3. *Färbe in den Aufgaben und den Ergebnissen von Nr. 2. alle **ungeraden** Zahlen rot und alle **geraden** Zahlen blau. Ergänze dann die Kästchen:*

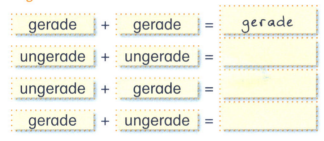

gerade	+	gerade	=	gerade
ungerade	+	ungerade	=	
ungerade	+	gerade	=	
gerade	+	ungerade	=	

Erkennst du die Regel? *Wenn man eine gerade (blaue) Zahl zu einer anderen geraden (blauen) Zahl addiert, erhält man wieder eine* ....

....

....

....

Tipp
Die Regel hilft dir beim Kontrollieren deiner Ergebnisse.

7 + 4 = 10?
Kann das sein?

Arithmetik: Multiplikation und Division

4. *Prüfe zunächst, ob das Ergebnis gerade oder ungerade sein muss. Schreibe die Regel dazu und rechne aus.*

13 + 13 = ...

Regel: ....

12 + 12 = ...

Regel: ....

13 + 12 = ...

Regel: ....

12 + 13 = ...

Regel: ....

5. *Welche der folgenden Zahlen sind Primzahlen? Die Buchstaben hinter den Primzahlen ergeben, nach der Größe der Primzahl sortiert, ein Lösungswort.*

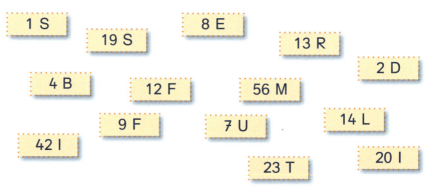

Lösungswort: ....

Tipp:
Die Zahl 2 ist auch eine Primzahl.

Gerade Zahlen, ungerade Zahlen, Primzahlen

6. *Notiere alle einstelligen Primzahlen.*

....

7. *Notiere alle zweistelligen Primzahlen.*

....

....

Test

1. *Färbe Kästchen, in denen Primzahlen stehen, blau. Suche dann alle anderen ungeraden Zahlen und färbe diese Kästchen orange.*

99	4	44	74	2	46	76	22	33
26	1	6	42	80	78	48	81	98
86	22	55	82	30	84	51	28	24
40	88	8	15	53	65	96	50	4
7	10	24	71	49	59	52	20	13
90	38	12	75	37	27	94	54	6
92	70	39	68	14	64	93	56	10
36	57	72	32	66	16	58	77	62
85	34	30	40	11	18	20	60	69

Arithmetik: Multiplikation und Division

1 **Division mit Rest**

Manchmal entsteht beim Verteilen oder Aufteilen ein **Rest**.
Beispiel: 19 : 3
Verteile auf 3 Eimer.
19 geteilt durch 3
19 : 3 = 6   Rest 1

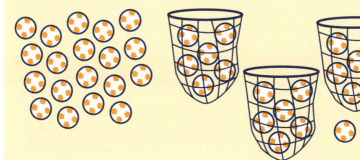

2 **1.** *Fünf Bälle passen in ein Netz.*
Schreibe die Rechnung auf.

.... : .... = ...

Rest ....

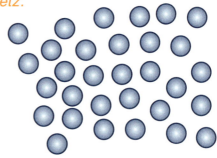

2. *Teile auf.*

a) Immer 3.   b) Immer 7.

   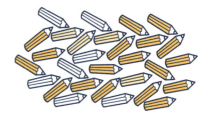

.... : .... = ... : .... = ...

Rest ....   Rest ....

Division mit Rest

Test

1. *Rechne.*

a) 25 : 8 = ... R ....   b) 29 : 9 = ... R ....

c) 17 : 4 = ... R ....   d) 43 : 6 = ... R ....

e) 22 : 7 = ... R ....   f) 48 : 7 = ... R ....

g) 29 : 4 = ... R ....   h) 44 : 6 = ... R ....

2. *Teile auf mit Rest.*

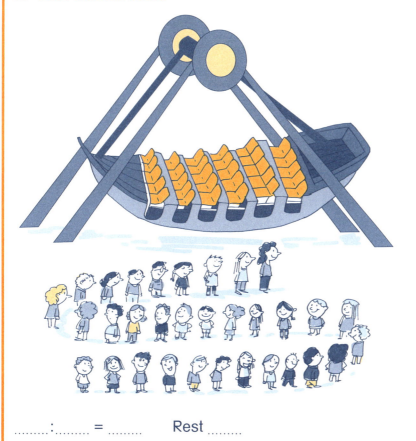

.... : .... = ...   Rest ....

Arithmetik: Multiplikation und Division

1 **Das Einmaleins der 2**

Kernaufgaben
1·2 = 2   2·2 = 4   5·2 = 10   10·2 = 20
Diese Aufgaben musst du unbedingt wissen.
Die anderen Aufgaben ergeben sich daraus.

2 **1.** *Löse die Aufgaben.*

2·2 = ...   5·2 = ...   10·2 = ...   1·2 = ...

3·2 = ...   6·2 = ...   9·2 = ...   0·2 = ...

4·2 = ...   7·2 = ...   8·2 = ...   2·2 = ...

2. *Verdopple. Zum Verdoppeln musst du mit 2 malnehmen.*

Beispiel: das Doppelte von 7: $7 + 7 = 2 \cdot 7 = 14$

1	5	3	7	9	2	10	4	0	6	8
	10									

Tipp:
Verdoppeln ergibt immer eine gerade Zahl.

3. *Setze fort:*

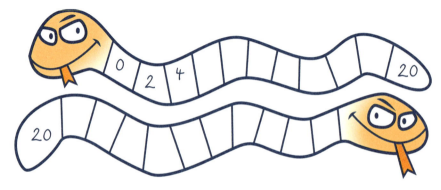

Das Einmaleins der 2

4. *Halbiere. Zum Halbieren musst du durch 2 teilen.*

Beispiel: Die Hälfte von 8: $8 = 4 + 4 \quad 8 : 2 = 4$

8	14	10	16	0	4	6	12	18	20	2
4										

5. *Male die Zahlen der Zweierreihe rot an.*

1	2	3	4	5	6	7	8	9	10
11	12	13	14	15	16	17	18	19	20

6. *Wie viele Hände haben 20 Kinder?*

R: ....

A: ....

Test

1. *Finde das Lösungswort. Trage dafür die Buchstaben hinter den Ergebnissen ein.*

5 · 2 = ...   1 · 2 = ...

3 · 2 = ...   10 · 2 = ...

10 · 2 = ...   5 · 2 = ...

8 · 2 = ...   8 · 2 = ...

2 · 2 = ...   9 · 2 = ...

6 · 2 = ...   4 · 2 = ...

6 = P
18 = D
16 = T
2 = B
8 = U
10 = S
12 = E
4 = Z
20 = I

Lösung: ....

Arithmetik: Multiplikation und Division

1 **Das Einmaleins der 3**

Kernaufgaben
1·3 = 3   2·3 = 6   5·3 = 15   10·3 = 30
Diese Aufgaben musst du unbedingt wissen.
Die anderen Aufgaben ergeben sich daraus.

2 **1.** *Berechne.*

1·3 = ...   5·3 = ...   10·3 = ...   5·3 = ...

2·3 = ...   6·3 = ...   9·3 = ...   4·3 = ...

3·3 = ...   7·3 = ...   8·3 = ...   0·3 = ...

2. *Setze fort.*

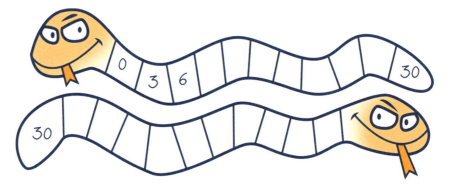

3. *Kreise die Zahlen der 3er-Reihe ein.*

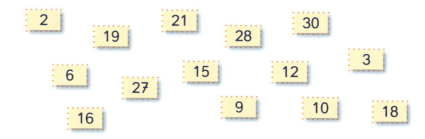

Das Einmaleins der 3

Test

1. *Bist du jetzt fit? Dann schwing dich aufs Rechenrad.*

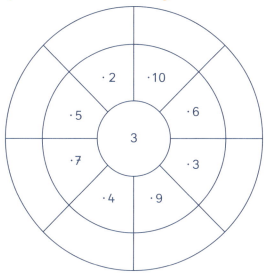

2. *Jan steht begeistert am Hafen und sieht 4 Dreimaster einlaufen. Nun fragt er sich wie viele Masten dort insgesamt versammelt sind.*

R: ....

A: ....

Arithmetik: Multiplikation und Division

1 **Das Einmaleins der 4**

Kernaufgaben
1·4 = 4   2·4 = 8   5·4 = 20   10·4 = 40
Diese Aufgaben musst du unbedingt wissen. Die anderen Aufgaben ergeben sich daraus.

2   **1.** *Rechne aus.*

5·4 = ...   1·4 = ...   10·4 = ...   5·4 = ...

6·4 = ...   2·4 = ...   9·4 = ...   0·4 = ...

7·4 = ...   3·4 = ...   8·4 = ...   1·4 = ...

2. *Setze fort.*

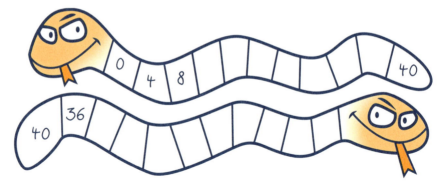

3. *Verbinde die Aufgaben mit den gleichen Ergebnissen.*

2·2   4·4   3·4   5·4

1·4   2·10   6·2   8·2

4. *Fülle die Lücken aus und kreise gleiche Zahlen ein.*

2er-Reihe: 2   4   6   10   14   20

4er-Reihe: 4   12   20   28   36   ......

Das Einmaleins der 4

Test

1. *Lena und Tim sitzen am Fenster und beobachten den Straßenverkehr.*

a) Lena fragt: „Tim, was meinst du, ich habe gerade 5 Autos auf der Straße gezählt. Wie viele Reifen das wohl sind?"

R: ....

A: ....

b) Tim hat eine Idee: „Wenn wir das schnell herausfinden wollen machen wir uns einfach eine Tabelle. Mich würde dann auch die Anzahl der Spiegel interessieren." „Stimmt, die Autos haben ja nur zwei Spiegel, da müssen wir aufpassen", meint Lena.

Autos	3	7	2	8	5	6	4
Reifen							
Spiegel							

Arithmetik: Multiplikation und Division

1 **Das Einmaleins der 5**

Kernaufgaben
1·5 = 5   2·5 = 10   5·5 = 25   10·5 = 50
Diese Aufgaben musst du unbedingt wissen.
Die anderen Aufgaben ergeben sich daraus.

2 **1.** *Rechne aus.*

5·5 = ... 1·5 = ... 10·5 = ... 2·5 = ...

6·5 = ... 2·5 = ... 9·5 = ... 1·5 = ...

7·5 = ... 3·5 = ... 8·5 = ... 0·5 = ...

2. *Setze fort.*

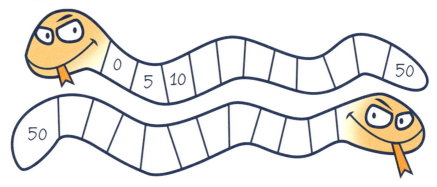

3. *Kreise die Zahlen der 5er-Reihe ein.*

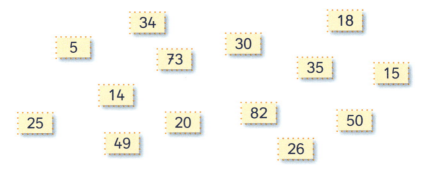

Das Einmaleins der 5

Test

1. *Ergänze.*

......·5 = 45   ......·5 = 30   ......·5 = 35

......·5 = 40   ......·5 = 55   ......·5 = 0

......·5 = 25   ......·5 = 10   ......·5 = 15

2. *Lena und Tim zeichnen Umrisse ihrer Hände auf eine Tapetenrolle. Auf einmal kommen ihre Freunde Ben, Pia und Anna dazu und zeichnen auch mit.*
Jedes Kind umfährt beide Hände.
Wie viele Finger werden auf die Tapetenrolle gezeichnet?

R: ....
A: ....

Arithmetik: Multiplikation und Division

1

Das Einmaleins der 6

Kernaufgaben
1·6 = 6   2·6 = 12   5·6 = 30   10·6 = 60
Diese Aufgaben musst du unbedingt wissen.
Die anderen Aufgaben ergeben sich daraus.

2

1. *Rechne aus.*

10·6 = ... 2·6 = ... 5·6 = ... 10·6 = ...

9·6 = ... 3·6 = ... 6·6 = ... 5·6 = ...

8·6 = ... 4·6 = ... 7·6 = ... 1·6 = ...

2. *Setze fort.*

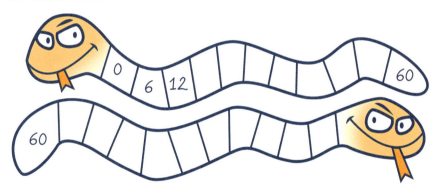

3. *Male alle Zahlen der 6er-Reihe rot aus.*

36	35	13	26	52	39	24	9	39	8
40	12	59	65	47	60	20	42	47	41
17	10	6	49	18	50	23	57	30	25
29	13	2	54	26	22	53	55	56	48

Das Einmaleins der 6

Test 3

1. *Schwing dich aufs Rechenrad.*

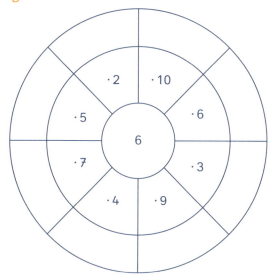

2. *Für den Schulausflug soll Ramon noch etwas zu trinken besorgen. Als er im Laden steht denkt er: „Die kleinen Flaschen sind besser zu tragen, aber die gibt es nur im 6er-Pack." Diese Idee haben noch drei weitere Kinder aus der 2c. Wie viele kleine Flaschen kaufen die Kinder?*

R: ....

A: ....

3. *Streiche die Zahlen, die nicht zur 6er-Reihe gehören.*

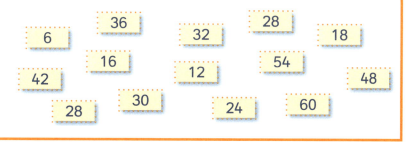

Arithmetik: Multiplikation und Division

1 **Das Einmaleins der 7**

Kernaufgaben
1 · 7 = 7   2 · 7 = 14   5 · 7 = 35   10 · 7 = 70

2 **1.** *Rechne aus.*

1 · 7 = ...   5 · 7 = ...   10 · 7 = ...   2 · 7 = ...

2 · 7 = ...   6 · 7 = ...   9 · 7 = ...   4 · 7 = ...

3 · 7 = ...   7 · 7 = ...   8 · 7 = ...   0 · 7 = ...

2. *Setze fort.*

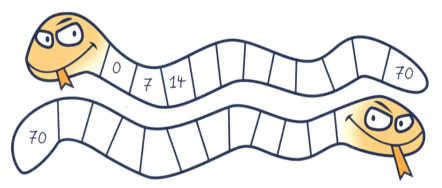

3. *Lena und Tim sehen sich ein Märchenbuch an. Dort bringen die sieben Zwerge Schneewittchen Geschenke mit. Eines davon passt nicht in die 7er-Reihe. Streiche es durch.*

Das Einmaleins der 7

Test

1. *Bist du jetzt fit? Dann löse die folgenden Aufgaben.*

6 · ..... = 30   5 · ..... = 30   4 · ..... = 28   3 · ..... = 24

5 · ..... = 25   4 · ..... = 16   2 · ..... = 14   8 · ..... = 16

2 · ..... = 14   7 · ..... = 49   7 · ..... = 56   7 · ..... = 35

2. *Male alle Kästchen mit Vielfachen von sieben orange aus.*

7	8	68	69	33	49	60	16	46	45	7
9	35	48	47	34	29	59	13	15	35	44
50	10	70	12	36	27	58	57	21	43	54
62	51	11	21	22	25	61	63	17	43	37
64	65	52	20	14	23	0	36	18	39	38
70	66	67	53	19	56	30	40	41	22	63

3. *Verbinde, was zusammengehört.*

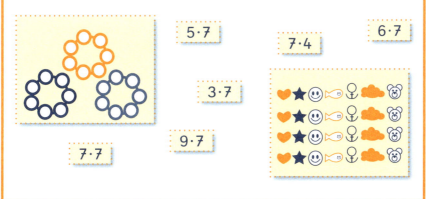

Arithmetik: Multiplikation und Division

1 **Das Einmaleins der 8**

Kernaufgaben
1·8 = 8   2·8 = 16   5·8 = 40   10·8 = 80

2 **1.** *Berechne.*

2·8 = ...   5·8 = ...   2·8 = ...   10·8 = ...

1·8 = ...   6·8 = ...   3·8 = ...   9·8 = ...

0·8 = ...   7·8 = ...   4·8 = ...   8·8 = ...

2. *Setze fort.*

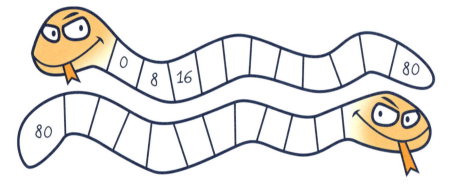

3. *Verbinde die Aufgaben mit gleichen Ergebnissen.*

2·4   3·8   8·10

4·4   4·10

1·8   2·8   4·6   4·20   8·5

4. *Setze die Zahlenreihen fort.*

72, 64, 56, ..., ..., ...

48, 40, 32, ..., ..., ...

Das Einmaleins der 8

Test

1. *2er, 4er und 8er*

a) Umrande die Zahlen der 2er-Reihe orange, male die Zahlen der 4er-Reihe hellblau an und umkreise die Zahlen der 8er-Reihe blau.

1	2	3	4	5	6	7	8	9	10
11	12	13	14	15	16	17	18	19	20
21	22	23	24	25	26	27	28	29	30
31	32	33	34	35	36	37	38	39	40
41	42	43	44	45	46	47	48	49	50
51	52	53	54	55	56	57	58	59	60
61	62	63	64	65	66	67	68	69	70
71	72	73	74	75	76	77	78	79	80
81	82	83	84	85	86	87	88	89	90
91	92	93	94	95	96	97	98	99	100

b) Notiere die Zahlen, die alle drei Merkmale aufweisen:

8,

2. *Lenas ältere Schwester rudert in ihrer Freizeit. Sie sitzt im Achter und trainiert dafür viel. Am Samstag fährt sie ihr erstes Rennen zusammen mit fünf anderen Booten. Wie viele Ruderer werden sich bei dem Rennen auf dem Wasser befinden?*

R:

A:

Arithmetik: Multiplikation und Division

1 **Das Einmaleins der 9**

Kernaufgaben
1·9 = 9   2·9 = 18   5·9 = 45   10·9 = 90

2 **1.** *Berechne.*

5·9 = ...   0·9 = ...   10·9 = ...   7·9 = ...

4·9 = ...   1·9 = ...   9·9 = ...   6·9 = ...

3·9 = ...   2·9 = ...   8·9 = ...   5·9 = ...

2. *Setze fort.*

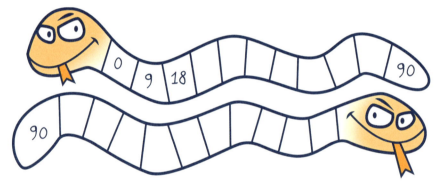

3. *Kreise die Zahlen der 9er-Reihe ein.*

100   64   90   45   11

33   27   15   72   18   63

12

4. *Rechne. Was fällt dir auf?*

.......·9 = 18   ....·9 = 72   ....·9 = 54   .... = 36

.......·9 = 81   ....·9 = 27   ....·9 = 45   .... = 63

Das ist mir aufgefallen: ....

....

Das Einmaleins der 9

Test

1. *3er, 6er und 9er*

a) Umrande die Zahlen der 3er-Reihe orange, male die Zahlen der 6er-Reihe hellblau an und umkreise die Zahlen der 9er-Reihe blau.

1	2	3	4	5	6	7	8	9	10
11	12	13	14	15	16	17	18	19	20
21	22	23	24	25	26	27	28	29	30
31	32	33	34	35	36	37	38	39	40
41	42	43	44	45	46	47	48	49	50
51	52	53	54	55	56	57	58	59	60
61	62	63	64	65	66	67	68	69	70
71	72	73	74	75	76	77	78	79	80
81	82	83	84	85	86	87	88	89	90
91	92	93	94	95	96	97	98	99	100

b) Notiere die Zahlen, die alle drei Merkmale aufweisen:

18, ...

2. Tom und Ben stellen fest, dass in allen 10er-Rollen Kaugummis immer einer fehlt. Sie bringen ihre drei gekauften Rollen in den Laden zurück. Ben sagt: „Für unser Geld haben wir nur .... Kaugummis bekommen."

R: ....

A: ....

Arithmetik: Multiplikation und Division

1 Das Einmaleins der 10

Kernaufgaben
1·10 = 10   2·10 = 20   5·10 = 50   10·10 = 100

2

1. Berechne.

10·10 = ...   2·10 = ...   5·10 = ...   10·10 = ...

5·10 = ...   3·10 = ...   6·10 = ...   9·10 = ...

1·10 = ...   4·10 = ...   7·10 = ...   8·10 = ...

2. Setze fort.

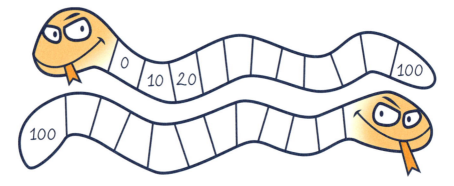

3. Rechenrad.

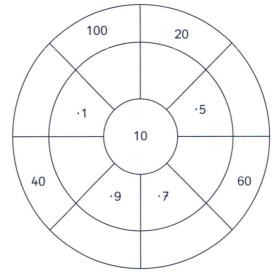

Das Einmaleins der 10

Test

1. Kennst du zu jeder Zahl eine Malaufgabe aus dem Einmaleins mit 5 und eine Malaufgabe aus dem Einmaleins mit 10?

10	: .... 2·5	.... 1·10 ....
20	:	....
30	:	....
40	:	....

2. Anna und Pia wollen sich ihre Fußnägel lackieren. Miriam und Lena wollen auch dabei sein.
Für wie viele Zehen müssen die Farben reichen?

R: ....

A: ....

3. Bist du fit?

·	3	6	9	2	7	1	8	4	5
10	30								
5									

Arithmetik: Multiplikation und Division

1 Zusammenhänge der Einmaleins-Reihen

Zwischen den Einmaleinsreihen gibt es viele Zusammenhänge. Diese kannst du zum Lösen von Malaufgaben nutzen.

Nachbaraufgaben
Durch Anlegen oder Wegnehmen einer **Reihe**
an ein Malfeld erhältst du Nachbaraufgaben.
Beispiel: 3·6

2·6 = 12   3·6 = 18   4·6 = 24

Durch Anlegen oder Wegnehmen einer **Spalte**
an ein Malfeld erhältst du Nachbaraufgaben.
Beispiel: 3·6

    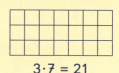

3·5 = 15   3·6 = 18   3·7 = 21

2

1. *Ergänze die vier Nachbaraufgaben.*

a) 3·6 = 18   b) 3·2 = ...   c) 4·7 = ...

2·6 = 12   2·2 = ...

4·6 =   4·2 = ...

3·5 =   3·   ....

3·

Tipp:
Lege dir das Feld mit kleinen Gegenständen nach.

Zusammenhänge der Einmaleins-Reihen

2. *Ergänze die Zerlegungen. Rechne.*

a) 7·6 = 4·6 + ...·6 = ... + ... = ...

b) 4·7 = 5·7 – 1·...... = ... – ...... = ...

c) 8·7 = 8·10 – 8·...... = ... – ...... = ...

Test 3

1. *Welche Nachbaraufgabe passt nicht? Streiche durch und verbessere.*

a) 7 · 5 = 35
6 · 5 = 30
8 · 5 = 40
7 · 3 = 21
7 · 6 = 42

b) 9 · 4 = 36
7 · 4 = 28
10 · 4 = 40
9 · 3 = 27
9 · 5 = 45

2. *Ergänze die Zerlegungen. Rechne.*

a) 6·9 = 5·...... + ...·...... = ... + ... = ...

b) 9·5 = 10·5 – 1·...... = ... – ...... = ...

c) 7·9 = 5·...... + ...·...... = ... + ... = ...

d) 9·8 = 10·8 – 1·...... = ... – ...... = 72

e) 6·7 = 5·...... + ...·...... = ... + ... = 42

f) 9·4 = 10·...... – ......·...... = ... – ...... = 36

Arithmetik: Multiplikation und Division

1 **Quadratzahlen und Wiederholung**

Multiplizierst du eine Zahl mit sich selbst, entsteht in der Darstellung als Punktefeld ein Quadrat.

Beispiel: 3·3 =

1·1, 2·2, 3·3, 4·4, 5·5 usw. heißen **Quadrataufgaben**. Deren Ergebnisse heißen **Quadratzahlen**. Diese Aufgaben sollst du wie alle Kernaufgaben auswendig wissen.

2 1. *Hier siehst du eine Einmaleinstabelle.*

·	1	2	3	4	5	6	7	8	9	10
1	1·1	1·2								
2	2·1	2·2								
3			3·3							
4										
5										
6										
7										
8										
9										
10										10·10

a) Trage alle Quadrataufgaben ein und umrande die Felder orange. Trage dann alle anderen Aufgaben ein.
b) Male die Felder mit den Aufgaben aus dem Einmaleins der 5 hellblau aus.

Quadratzahlen und Wiederholung

c) Male einen blauen Kreis um die Felder mit den Aufgaben aus dem Einmaleins der 10.

Test

1. *Wiederhole alle Einmaleinsaufgaben.*

a) Fülle das Gitter komplett aus.
b) Male die Kästchen hellblau an, bei denen sich das Einmaleins der 3, 6 und 9 treffen.
c) Umrande die Kästchen, bei denen sich das Einmaleins der 2, 4 und 8 treffen, orange.
d) Male einen blauen Kreis in die Kästchen, die zum Einmaleins der 5 und der 10 gehören.

·	1	2	3	4	5	6	7	8	9	10
1	1									
2										
3									27	
4										
5										
6										
7										
8										
9										
10										

Arithmetik: Multiplikation und Division

1 **Das Einmaleins mit Zehnerzahlen**

So kannst du ganze Zehner- und Hunderterzahlen multiplizieren:

3·30 = ?   3·3 = 9   also ist 3· 30 = 90
3·300 = ?   3·3 = 9   also ist 3·300 = 900
30·30 = ?   3·3 = 9   also ist 30·30 = 900

Suche also immer zunächst die „verwandte" Aufgabe im kleinen Einmaleins.
Ergänze anschließend die entsprechende Anzahl von Nullen.

2 1. *Rechne aus. Löse zunächst die „verwandte" Aufgabe.*

a) 7·80   b) 8·50

c) 5·70   d) 20·30

e) 40·20   f) 20·60

g) 60·70   h) 30·90

Das Einmaleins mit Zehnerzahlen

2. *Löse die Geteiltaufgabe und verbinde sie mit der dazu passenden Malaufgabe.*

| 160 : 80 = |
| 100 : 20 = |
| 350 : 70 = |
| 400 : 50 = |

| , denn 8 · 50 = 400 |
| , denn 5 · 70 = 350 |
| , denn 2 · 80 = 160 |
| , denn 5 · 20 = 100 |

Tipp:
Suche zu jeder Geteiltaufgabe die passende Malaufgabe.
Du kannst die Aufgabe dann leichter rechnen.
100 : 20 = 5, denn 5 · 20 = 100

Test

1. *Berechne. Löse zunächst die „verwandte" Aufgabe im Kopf.*

a) 6 · 300 = ... b) 40 · 70 = ...

c) 7 · 200 = ... d) 80 · 60 = ...

e) 5 · 400 = ... f) 70 · 30 = ...

g) 50 · 60 = ... h) 9 · 600 = ...

2. *Ergänze.*

a) 70 · .... = 2800   b) .... · 60 = 240

c) 90 · .... = 7200   d) 60 · .... = 180

Arithmetik: Multiplikation und Division

1 Halbschriftliche Multiplikation und Division

So **multiplizierst** du halbschriftlich:

	23 · 6 = ?
	20 · 6 = 120
+	3 · 6 = 18
	23 · 6 = 138

1. Multipliziere mit den Zehnern
2. Multipliziere mit den Einern
3. Addiere beide Ergebnisse

So kannst du in Teilschritten **dividieren**:
Zerlege die Zahl, die geteilt werden soll, zunächst in Aufgaben, die sich dividieren lassen.
Rechne so:

	888 : 4 = ?
	800 : 4 = 200
+	80 : 4 = 20
+	8 : 4 = 2
	888 : 4 = 222

2

1. *Rechne halbschriftlich.*

	58 · 2 = ?			62 · 4 = ?
	50 · 2 =			· =
+	8 · 2 =		+	· =
	58 · 2 =			· =

Tipp:
Beim halbschriftlichen Multiplizieren kannst du auch zunächst mit der Einerzahl beginnen. Multipliziere anschließend die Zehnerzahl.

	5 · 14 = ?
	5 · 4 = 20
+	5 · 10 = 50
	5 · 14 = 70

Halbschriftliche Multiplikation und Division

2. *Berechne im Heft.*

a) 28·4 = ... b) 25·6 = ...

c) 81·3 = ... d) 47·3 = ...

e) 65·9 = ... f) 58·4 = ...

g) 45·6 = ... h) 18·8 = ...

3. *Rechne aus.*

	1	4	8	:	4	=	?
	1	0	0	:	4	=	
+		4	0	:	4	=	
+			8	:	4	=	
	1	4	8	:	4	=	

	6	3	3	:	3	=	?
	6	0	0	:	3	=	
+		3	0	:	3	=	
+			3	:	3	=	
	6	3	3	:	3	=	

Tipp:
Überprüfe die Ergebnisse, indem du die entsprechende Malaufgabe rechnest.

Es gibt Zahlen beim Dividieren, die nicht aufgehen.
Hier entsteht ein Rest.
447 : 4 = ?
400 + 47 = 447
Teile nun jede Zahl und notiere den Rest.

4	4	7	:	4	=	?			
4	0	0	:	4	=	1	0	0	
	4	7	:	4	=		1	1	Rest 3

4. *Dividiere halbschriftlich, achte auf den Rest. Kontrolliere deine Ergebnisse mit der Probe. Rechne im Heft.*

a) 751 : 7 = ... b) 997 : 3 = ... c) 486 : 4 = ...

d) 633 : 6 = ... e) 525 : 4 = ... f) 983 : 6 = ...

Arithmetik: Multiplikation und Division

5. Das Theater hat 1000 Plätze. Jeder vierte Besucher hat beim Jubiläum freien Eintritt.
Wie viele Personen brauchen nichts zu bezahlen?

R: ....

A: ....

6. Heute besuchen 435 Personen die Kinovorstellung im Gloria. Nur jeder fünfte Besucher gibt seine Garderobe ab.
Wie viele Personen stellen sich nach der Vorstellung vor der Garderobe an?

R: ....

A: ....

7. Es gibt noch einige Karten für das Fußballspiel. 567 Personen habe eine Karte vorbestellt. Sie sollen sich beim Abholschalter in Dreierreihen aufstellen.
Wie viele Personen stehen in einer Schlange?

R: ....

A: ....

Halbschriftliche Multiplikation und Division

Test

1. Rechne halbschriftlich.

```
  7 · 75 = ?              6 · 44 = ?
     ·    =                  ·    =
+    ·    =             +    ·    =
     ·    =                  ·    =
```

2. Nach so viel Übung kannst du die Malaufgaben im Kopf rechnen. Du kannst sie nun viel kürzer aufschreiben.

Beispiel: 4·56 = 200 + 24 = 224

a) 8·24 = ………………… b) 3·77 = …………………

c) 5·47 = ………………… d) 5·81 = …………………

3. Rechne aus.

a) 6:2 = ………………… b) 24:8 = …………………

c) 56:8 = ………………… d) 60:2 = …………………

e) 240:8 = ………………… f) 560:8 = …………………

4. Rechne halbschriftlich.

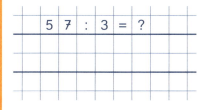
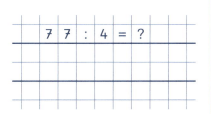

Arithmetik: Multiplikation und Division

1 Schriftliche Multiplikation

Beim Multiplizieren von mehrstelligen Zahlen rechnest du am besten schriftlich. Sinnvoll ist es, vor dem genauen Ausrechnen eine Überschlagsrechnung zu machen, um das Ergebnis überprüfen zu können.
Die größere Zahl steht immer vorne.
Multipliziere nun schrittweise.
Beginne mit der höchsten Stelle des zweiten Faktors.
Schreibe nun alle Teilergebnisse stellengerecht untereinander und addiere sie.

Beispiel:

T	H	Z	E			
4	6	1	9	·	3	6
	1	3	8	5	7	
+		2	7	7	1	4
				1	1	
	1	6	6	2	8	4

Ü: 5000 · 40 = 200 000

2 1. *Multipliziere schriftlich.*
Überprüfe dein Ergebnis mit der Überschlagsrechnung.

a) 3604 · 39   b) 4818 · 48   c) 3549 · 62

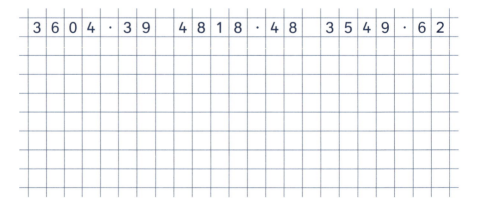

Schriftliche Multiplikation

2. *Ergänze die fehlenden Ziffern.*

a) 6 7 1 2 · 8
         3 6   6

b) 3 7 2 · ☐☐
    3 3 4 8
    2 2 3 2
        1
   3 5 7 1 2

c) 5 ☐ 8 · 4
   2 1 5 2

3. *Rechne im Heft aus. Fällt dir etwas auf?*

a) 500 · 20
   1000 · 40

b) 300 · 30
   600 · 60

c) 110 · 5
   220 · 10

Test

1. *Welche Aufgaben sind falsch gelöst?*
Überprüfe im Heft und verbessere, wo nötig.

a) 221 · 547
   1 1 0 5 0 0
      8 9 4 0
      1 4 4 7
   1 2 0 8 8 7

b) 625 · 703
   4 3 6 5 0 0
   0 0 0 0 0
     1 8   6 5
   4 5 4 5 6 5

c) 913 · 317
   2 6 3 9 0 0
     9 1 3 0
     6 3 7 1
   2 7 9 3 0 1

d) 849 · 276
   1 6 9 8 0 0
    5 9 4 3 0
     4 9 9 4
   2 3 4 2 2 4

2. *Berechne im Heft.*
Lena und Ben sind an 182 Schultagen täglich 34 km mit dem Bus gefahren. Wie viele Kilometer haben sie dabei insgesamt zurückgelegt?

Arithmetik: Multiplikation und Division

1 ### Schriftliches Dividieren ohne Rest

Gehe beim schriftlichen Dividieren schrittweise vor. Beginne mit der größten Stelle der Zahl, die geteilt werden soll. Sollte sie kleiner sein als der Teiler, nimm die folgende Stelle hinzu. Es ist sinnvoll vor dem Ausrechnen eine Überschlagsrechnung zu machen. Kontrolliere zum Schluss dein Ergebnis mit der Probe.

Beispiel:

	T	H	Z	E						
	5	9	3	6	:	4	=	1	4	8	4
−	4									
		1	9							
−		1	6							
			3	3						
	−		3	2						
				1	6					

Probe: 1484·4 = 5936

2 1. *Dividiere schriftlich.*

a) 303 624 : 6 		b) 15 990 : 3

100

Schriftliches Dividieren ohne Rest

c) 19 550 : 5   d) 27 993 : 3

Test

1. *Dividiere halbschriftlich oder im Kopf.*

a) 468 : 2 = ...   b) 960 : 8 = ...   c) 984 : 3 = ...

   468 : 4 = ...   960 : 4 = ...   984 : 4 = ...

   468 : 6 = ...   960 : 2 = ...   984 : 2 = ...

Arithmetik: Multiplikation und Division

1 **Schriftliches Dividieren mit Rest**

Beim schriftlichen Dividieren gibt es auch Aufgaben, bei denen ein Rest bleibt. Überschlage erst das Ergebnis, bevor du mit der schriftlichen Division beginnst.

Beispiel:

```
68417 : 16 = 4277  R 15
64
 44
 32
 124
 112
  127
  112
   15
```

Probeaufgabe: 4277 · 16 = 68402
68402 + 15 = 68417

2 **1.** *Dividiere schriftlich und mache die Probe.*

a) 4635 : 6   b) 2764 : 5

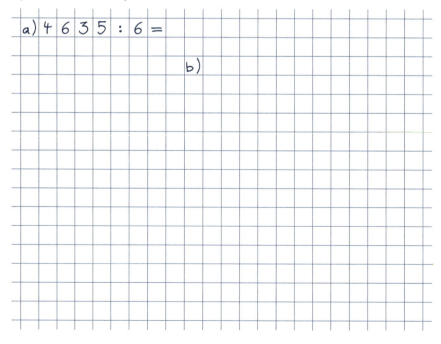

102

Schriftliches Dividieren mit Rest

Test

1. *Finde den Fehler und kreise ihn ein. Verbessere dann die Aufgabe.*

```
4 2 7 2 0 : 7 = 6 1 3
4 2
    7
    7
      2 0
      2 0
          0
```

```
4 2 7 2 0 : 7 =
```

2. *Ordne nach der Größe des Restes.*

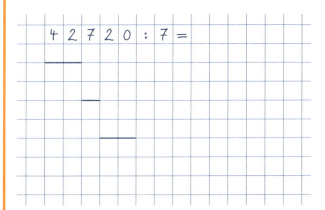

423 : 2 = | R   629 : 6 = | E

524 : 5 = | G   350 : 3 = | A

119 : 4 = | N   422 : 2 = | O

Lösungswort: ....

Arithmetik: Multiplikation und Division

1 Teilbarkeitsregeln

Wenn du schnell überblicken möchtest, ob eine große Zahl ohne Rest teilbar ist, kannst du folgende Regeln anwenden:

Teiler	Regel
:10	die Endstelle ist eine 0
:5	die Endstelle ist eine 5 oder eine 0
:2	die Endstelle ist gerade
:4	die letzten beiden Ziffern sind durch 4 teilbar
:8	die letzten drei Ziffern sind durch 8 teilbar
:3	die Quersumme ist durch 3 teilbar
:6	die Quersumme ist durch 3 teilbar und die Zahl ist gerade
:9	die Quersumme ist durch 9 teilbar

Tipp:
Die Quersumme erhältst du, wenn du alle Ziffern einer Zahl addierst. **Beispiel:** 9876 = 30

2

1. *Ist die Zahl ohne Rest teilbar?*

	:10	:5	:2	:4	:8	:3	:6	:9
4800	ja							
65301								
32121								
52445								
63000								
98765								
27824								

Teilbarkeitsregeln

Test

1. *Verbinde Divisor und passende Teilbarkeitsregel.*

Die Quersumme ist durch 9 teilbar.	:4
Die letzten beiden Ziffern der Zahl sind durch 4 teilbar.	:3
In der Endstelle steht eine 0.	:2
Die Quersumme ist durch 3 teilbar.	:9
Die Endstelle ist gerade.	:10

2. *Richtig (R) oder falsch (F)?*
Begründe, wenn du F ankreuzt.

            R F

a) Wenn ich durch 5 teilen möchte, muss die Endstelle immer eine Null sein. ☐ ☐

b) Wenn ich durch 9 teilen möchte, muss die Quersumme durch 3 teilbar sein. ☐ ☐

c) Wenn ich durch 4 teilen möchte, sind die letzten beiden Ziffern durch 4 teilbar. ☐ ☐

a) falsch, weil die Endstelle

Größen

4. Größen

Geld: Umwandeln und Vergleichen

Um mit Geldbeträgen rechnen zu können, musst du sie in die gleiche Maßeinheit setzen.
Beispiel: 152 ct + 0,78 €
$\qquad$ 1,52 € + 0,78 € = 2,30 €
Vergiss nicht beim Ergebnis die richtige Maßeinheit zu notieren.
1 € = 100 ct
€ → ct $\qquad$ Regel: ·100
ct → € $\qquad$ Regel: :100

1. *Rechne aus.*

a) 38 € + 46 € = ... b) 83 € + 24 ct = ...

c) 46 € − 8 € = ... d) 98 ct − 43 ct = ...

e) 102 ct − 84 ct = ... f) 4 € · 5 = ...

g) 30 € : 6 = ... h) 81 € : 9 = ...

i) 42 € : 7 = ... j) 7 € · 8 = ...

2. *Wandle um.*

a) 7,19 € = ... ct b) 6,93 € = ... ct

c) 0,74 € = ... ct d) 1,19 € = ... ct

e) 425 ct = ... € f) 916 ct = ... €

g) 54 ct = ... € h) 321 ct = ... €

Geld: Umwandeln und Vergleichen

3. Vergleiche die Geldbeträge und setze ein: < oder >.

a) 33,71 € < 46,52 € < 81,29 €

b) 116,35 € ☐ 58,21 € ☐ 13,24 €

c) 914,85 € ☐ 18,76 € ☐ 17,34 €

d) 13,24 € ☐ 58,67 € ☐ 56,37 €

e) 832,47 € ☐ 956,23 € ☐ 413,20 €

f) 714,38 € ☐ 714,39 € ☐ 714,37 €

g) 0,61 € ☐ 0,59 € ☐ 0,63 €

h) 116,82 € ☐ 320,36 € ☐ 111,17 €

i) 4,34 € ☐ 13,63 € ☐ 125,72 €

j) 902,11 € ☐ 912,11 € ☐ 902,12 €

Test

1. Wandle um.

a) 1073 ct = ...　　b) 43,45 € = ...

c) 502 ct = ...　　d) 91,01 € = ...

e) 92013 ct = ...　　f) 103,23 € = ...

2. Ordne die Beträge aus Aufgabe 1 von Seite 106 der Größe nach. Beginne mit dem kleinsten Betrag.

18 ct < ....

Größen

1. Geld: Addition und Subtraktion von Kommazahlen

Beim schriftlichen Rechnen mit Geldbeträgen musst du die Beträge stellengerecht untereinander schreiben.
So stehen alle Kommas untereinander.

56,21 € + 3,26 €   546,43 € − 39,14 €

2.

1. *Berechne schriftlich.*

a) 3,48 € + 51,16 €   b) 14,59 € + 13,62 €

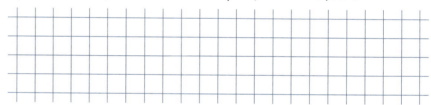

c) 386,76 € + 469,17 €   d) 0,21 € + 315,36 €

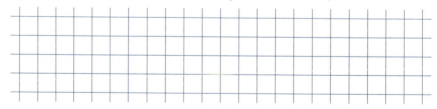

2. *Berechne schriftlich.*

a) 663,24 € − 50,19 €   b) 28,37 € − 19,48 €

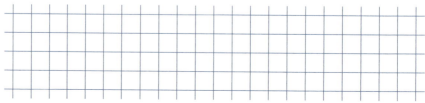

Geld: Addition und Subtraktion von Kommazahlen

c) 479,82 € − 314,07 €   d) 603,15 € − 0,18 €

Test

1. Berechne schriftlich.
a) 561,73 € + 30,98 €
b) 974,89 € − 68,73 €

2. Hannah und Lena sparen jeweils auf ein Sportdress, das 46 € kostet. Hannah hat bereits 22,73 € gespart und Lena sogar 35,45 €.
Wie viel Geld müssen Hannah und Lena noch sparen?

A: ....

Größen

1 **Geld: Division und Multiplikation von Kommazahlen**

Mache zunächst eine Überschlagsrechnung. Rechne aus.
Kontrolliere mit der Probe (Multiplikation).

56,45 € : 5 = ?

Überschlag: 56,45 € ≈ 60 €   60 € : 5 = 12 €

```
5 6,4 5 € : 5 = 1 1,2 9 €
5
  6                    Probe:
  5                    1 1,2 9 · 5
  1 4                        5 6,4 5
  1 0
    4 5
```

2 **1.** *Multipliziere schriftlich im Heft.*
Mache erst einen Überschlag.

a) 169,85 € · 4   b) 71,02 € · 9
c) 496,01 € · 5   d) 23,95 € · 5

2. *Dividiere schriftlich im Heft. Mache erst einen Überschlag und anschließend auch die Probe.*

a) 324,48 € : 4   b) 69,81 € : 9
c) 447,26 € : 2   d) 221,00 € : 4
e) 560,48 € : 8

3. *Welcher Betrag ist am größten?*
Überschlage und notiere die Zwischenergebnisse im Heft.

☐ 846,52 : 4   ☐ 636,30 : 6   ☐ 920,45 : 5

Geld: Division und Multiplikation von Kommazahlen

Test

1. *Multipliziere schriftlich. Denke an den Überschlag.*

a) 223,41 € · 5   b) 13,69 € · 9

2. *Dividiere schriftlich. Denke an Überschlag und Probe.*

a) 530,65 € : 5   b) 972,99 € : 9

Größen

1 **Längen: Messen, Umwandeln, Vergleichen**

Längen kannst du mit dem Lineal, einem Zollstock oder einem Metermaß messen. Achte darauf, dass du das Messgerät genau bei 0 anlegst.

Die wichtigsten Maßeinheiten sind Meter (m), Zentimeter (cm) und Millimeter (mm).
  1 m = 100 cm   1 cm = 10 mm
Weitere wichtige Längenangaben sind Kilometer (km) und Dezimeter (dm).
1 km = 1000 m
1 dm = 10 cm

Wenn du Längen vergleichen möchtest, musst du sie in die gleiche Maßeinheit umwandeln.
Beispiel:
6 m   78 cm
6 m = 600 cm   600 cm > 78 cm

2 **1.** *Miss folgende Gegenstände und trage die Ergebnisse in die Tabelle ein.*

Gegenstand	geschätzt	gemessen
Federmappe		
Radiergummi		
Bleistift		

2. *Wandle um.*

a) 3 m = ... cm = ... mm

b) 10 cm = ... m = ... mm

c) 40 mm = ... cm = ... m

Längen: Messen, Umwandeln, Vergleichen

3. *Wandle in die gleiche Maßeinheit um und vergleiche.*

3 m, 198 cm   300 cm > 198 cm

a) 500 cm, 5 m

b) 712 cm, 9 m

c) 9 cm, 91 mm

d) 6,48 m, 712 cm

4. *Rechne um. Achte auf eine gemeinsame Maßeinheit.*

a) 9 cm + 6 m + 3 mm =

b) 29 cm + 5,6 m + 30 mm =

c) 48 cm − 36 cm =

d) 61 cm − 480 mm =

Test   3

1. *Ergänze die fehlenden Angaben in der Tabelle.*

m	dm	cm	mm
5	50	500	5000
		6000	
	20		

Größen

1 Längen: Addition von mehreren Kommazahlen

Um mit Längen rechnen zu können, musst du sie **in die gleiche Maßeinheit** setzen.
Bei der Addition wie der Subtraktion von Längen ist es wichtig, dass die Angaben und die Kommas **stellengerecht untereinander** geschrieben werden.
Fehlende Ziffern werden dabei durch Nullen ergänzt.
Zahlen, die addiert werden, nennt man **Summanden**. Ihre Anzahl kann beliebig sein. Für die Subtraktion gilt das nicht!
Die Zahl, von der du abziehst (Minuend) muss immer größer sein als die Summe aller Subtrahenden.

Addition

```
    3 0 0 8,4 6 m
 +    4 6 2,0 5 m
 +          5,0 0 m
 + 1 0 2 1,5 1 m
           1 1 1
    4 4 9 7,0 2 m
```

Subtraktion

```
    4 4 9 7,0 2 m
 -    4 6 2,0 5 m
 -          5,0 0 m
 - 1 0 2 1,5 1 m
           1 1 1
    3 0 0 8,4 6 m
```

Tipp:
Achte darauf, dass du das Komma auch beim Ergebnis an der gleichen Stelle setzt.

2

1. *Im Ergebnis fehlt das Komma. Setze es an der richtigen Stelle ein.*

a) 4023,48 m + 386,23 m + 51,01 m = 446072 m

b) 14,1 m + 109,2 m + 9,8 m = 1331 m

c) 9856,02 m − 623,51 m − 4728,18 m = 450433 m

d) 4013,2 m − 526,3 m − 15 m = 34719 m

Längen: Addition von mehreren Kommazahlen

2. *Addiere:* 2301,52 m + 426,09 m + 4,00 m + 103,62 m

3. *Subtrahiere:* 346,58 m – 21,43 m – 19,68 m

Test

1. *Berechne.*
a) 2136,48 m + 0,31 m + 621,45 m + 203,89 m
b) 842,35 m – 46,91 m – 8,06 m – 109,22 m

Größen

1 Längen: Multiplikation von Kommazahlen

Wandle zunächst alle Längen in die gleiche Maßeinheit um. Mache dann den Überschlag, Multipliziere anschließend und setze zum Schluss das Komma.

2

1. *Wandle um, überschlage und multipliziere schriftlich.*

a) 55 m 42 cm · 11

Ü: ....

b) 16 dm 9 cm · 15

Ü: ....

c) 32 m 19 cm · 12

Ü: ....

d) 61,68 m · 16

Ü: ....

2. *Textaufgabe*

Michael und Ralf wollen sich eine Schatzkiste bauen. Sie haben sich vom Markt eine Obstkiste besorgt und brauchen dafür noch einen Deckel. Michaels Opa hat ihnen eine alte Holzlatte mit den Maßen 2,00 m × 5 cm überlassen. Der Deckel soll die Maße 40 cm (Breite) und 20 cm (Länge) haben. Reicht Opas Holzlatte aus um alle benötigten Bretter auszusägen?

Längen: Multiplikation von Kommazahlen

Tipp:
Mache eine Skizze, dann kannst du dir die Situation besser vorstellen.

Test

1. *Berechne schriftlich mit Überschlag.*
a) 6 m 31 cm · 8
b) 16,38 m · 7
c) 13 m 11 cm · 9
d) 15,32 m · 5

Größen

1 Rechnen mit Zeitangaben

An einem Tag durchläuft der Stundenzeiger das Ziffernblatt zwei Mal. So werden jeder Stelle auf dem Ziffernblatt zwei Uhrzeiten zugeordnet, zum Beispiel 12 Uhr und 24 Uhr oder 2 Uhr und 14 Uhr.

Eine Stunde (h) hat 60 Minuten (m).　　1 h = 60 m
Eine Minute (m) hat 60 Sekunden (s).　　1 m = 60 s
Ein Tag (d) hat 24 Stunden (h).　　2 d = 24 h

Möchtest du Stunden in Minuten oder Minuten in Sekunden umrechnen musst du mit dem Faktor 60 multiplizieren.
Bei der Umwandlung in die jeweils größere Einheit (z. B. Minuten in Stunden) musst du durch 60 dividieren.

2

1. *Ergänze die Beschriftung des Ziffernblattes.*

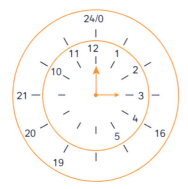

Welche Uhrzeit wird angezeigt? ....

oder ....

2. *Rechne im Heft und ergänze.*

a)
s	min　s
180 s	3 min 0 s
	4 min 20 s
172 s	
	5 min 16 s

b)
min	h　min
200 min	3 h 20 min
	5 h 10 min
196 min	
	3 h 50 min

118

Rechnen mit Zeitangaben

3. *Zwei Uhrzeiten entsprechen der gleichen Stelle auf dem Ziffernblatt. Verbinde sie.*

| 8:30 Uhr |
| 14:15 Uhr |
| 11:30 Uhr |
| 16:15 Uhr |
| 18:45 Uhr |
| 12:45 Uhr |

| 0:45 Uhr |
| 4:15 Uhr |
| 20:30 Uhr |
| 23:30 Uhr |
| 6:45 Uhr |
| 2:15 Uhr |

Test

1. *Rechne in Minuten um.*

a) 3 h 13 min = ... b) 6 h 2 min = ...

c) 1 h 53 min = ... d) 10 h 59 min = ...

e) 5 h 11 min = ... f) 8 h 41 min = ...

2. *Rechne in Sekunden um.*

a) 6 min 13 s = ... b) 1 h 10 min 6 s = ...

c) 14 min 5 s = ... d) 2 h 43 s = ...

e) 58 min 36 s = ... f) 4 h 53 min 14 s = ...

Nutze ein Blatt für nötige Nebenrechnungen.

Größen

1 Zeitpunkt und Zeitspanne

Wenn du wissen möchtest, wie lange etwas dauert benötigst du den Beginn (**Zeitpunkt**) und das Ende (**Zeitpunkt**).
Die Zeit dazwischen nennt man **Zeitspanne**.

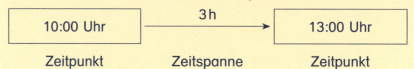

| Zeitpunkt | Zeitspanne | Zeitpunkt |

Wenn du eine Zeitspanne berechnen möchtest, die über die nächste volle Stunde hinausgeht, musst du in mehreren Schritten rechnen: 9:00 Uhr $\xrightarrow{+\ 4h\ 30min}$ = ?

1. 9:00 Uhr $\xrightarrow{+\ 3h}$ = 12:00 Uhr

2. 12:00 Uhr $\xrightarrow{+\ 1h}$ = 13:00 Uhr

3. 13:00 Uhr $\xrightarrow{+\ 30min}$ = 13:30 Uhr

2

1. *Wie viele Minuten dauert es noch bis zur nächsten vollen Stunde?*

a) 8:30 Uhr ....min   b) 9:45 Uhr ....min

c) 17:34 Uhr ....min   d) 16:13 Uhr ....min

d) 0:03 Uhr ....min   e) 14:21 Uhr ....min

2. *Rechne in mehreren Schritten. Schaffst du das im Kopf?*

a) 8:00 Uhr + 4 h 15 min   b) 10:00 Uhr + 5 h 45 min
c) 16:00 Uhr + 3 h 30 min   d) 23:00 Uhr + 2 h 40 min

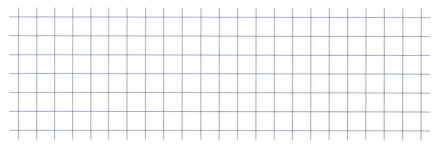

Zeitpunkt und Zeitspanne

Test 3

1. Das Schulfest beginnt um 15:30 Uhr und dauert 2 h 30 min. Wann ist es zu Ende?

Antwort: ....

2. Tim ist mit Robin um 18:45 Uhr in der Stadt verabredet. Tim muss einen Weg von 31 min zurücklegen. Wann verlässt er das Haus?

Antwort: ....

3. Katja hat täglich Pause von 9:45 bis 10:10 Uhr und von 11:45 bis 12:05 Uhr. Wie viele Pausenstunden kommen für sie in einer Schulwoche zusammen?

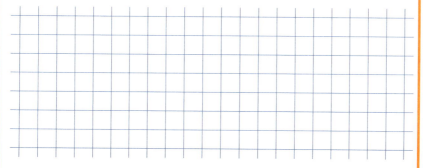

Antwort: ....

Größen

1 **Gewichte**

Bei den Gewichten gibt es folgende Maßeinheiten:
Tonne (t), Kilogramm (kg) und Gramm (g).

Möchtest du mit Gewichten rechnen, musst du sie zuvor in die gleiche Maßeinheit setzen.
  1 t = 1000 kg
1 kg = 1000 g

Beim Umwandeln dieser Maßeinheiten verschiebt sich der Betrag jeweils um drei Stellen hinter dem Komma.

2 **1.** *Ordne die Gewichte nach ihrer Größe und fülle die Stellenwerttafel aus.*

a) 936 g   b) 1,253 kg   c) 2 kg 59 g   d) 3 kg 421 g

....

1 kg	100 g	10 g	1 g

2. *Wandle um.*

a) 329 g = ... kg   b) 2,5 t = ... kg

c) 1,234 t = ... kg   d) 6453 g = ... kg

e) 1,2 kg = ... g   f) 13,250 kg = ... g

g) 2,3 t = ... g   h) 0,056 kg = ... g

Gewichte

3. *Wandle um, wenn nötig, und vergleiche.*

| 3 kg 350 g | 270 g | 3350 g > 270 g |

a) 830 g | 14 kg | ....
b) 1,347 kg | 137 kg | ....
c) 0,002 kg | 33 g | ....
d) 2 kg 248 g | 2,248 kg | ....

4. *Ordne die Gewichte nach der Größe und trage sie in die Tabelle ein.*

8 kg 315 g | 115 g | 249 g | 3 kg 219 g | 3,291 kg | 25 g

....

1 kg	100 g	10 g	1 g

5. *Verbinde die Kärtchen mit gleichen Gewichten.*

5,476 kg   2,987 kg   4,5 t   0,025 kg

2987 g   2,8 t   4500 kg

5476 g   2800 kg   25 g

Größen

6. *Überschlage zuerst. Rechne danach schriftlich.*
Gib das Ergebnis in Kilogramm an.

a) 4 kg 345 g + 619 g
b) 12 kg 305 g + 7 kg 513 g + 2 kg 906 g
c) 3 t 251 kg − 1 t 916 kg − 513 kg
d) 23,462 kg · 14
e) 3 t 760 kg : 16

Gewichte

7. Die Freunde Pia, Ben und Max pressen Apfelsaft.
Pia presst 2,435 kg Äpfel, Ben schafft 1420 g und
Max 3 kg 43 g.
Wie viele Kilogramm Äpfel haben sie insgesamt
ausgepresst?

Größen

8. *Miriam möchte mit ihrer Freundin nach Mallorca fliegen. Sie weiß, dass ihr Koffer nur 20 kg wiegen darf. Sie besucht jedoch ein Tenniscamp und benötigt ihre Sportausrüstung. Ihr Koffer wiegt 700 g.*

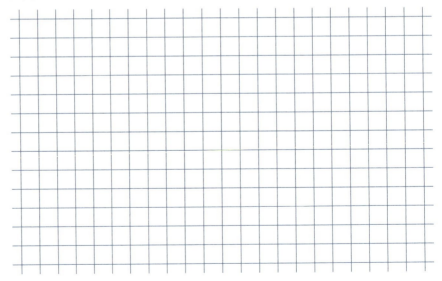

Koffer: 700 g
Trainingsanzug: 2,5 kg
Schuhe: 3 kg, Schläger: 1 kg
Kleidung: 9 kg
Bücher: 0,5 kg
Badesachen: 0,5 kg
Fotoapparat: 0,25 kg
Jacken: 2,8 kg
Handtücher: 750 g
Abendgarderobe: 1,5 kg

Frage: ....

Plan: 1. Gesamtgewicht der eingepackten Sachen
        2. Restgewicht
        3. zulässiges Gewicht – Gewicht des Gepäcks

Rechnen:

Antwort: ....

....

Gewichte

Test

1. *Ergänze auf ein Kilogramm.*

a) 815 g + ... = 1 kg   b) 35 g + ... = 1 kg

c) 670 g + ... = 1 kg   d) 14 g + ... = 1 kg

e) 3 g + ... = 1 kg   f) 396 g + ... = 1 kg

2. *Schreibe in Kilogramm (kg) und Gramm (g).*

2,9 kg = ...2 kg 900 g...   a) 64,4 kg = ...

b) 13,5 kg = ...   c) 204,15 kg = ...

d) 0,7 kg = ...   e) 500 000 kg = ...

3. *Kannst du ein Gleichgewicht herstellen? Verteile die Gewichte auf der Wippe.*

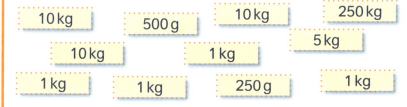

Größen

1

Rauminhalte: Liter und Milliliter

Im Umgang mit Flüssigkeiten benötigst du die Maßeinheiten Liter (l) und Milliliter (ml). **1 l = 1000 ml**

Bruchteile von einem Liter werden so dargestellt:

$\frac{1}{2}$ l: 1000 ml : 2 = 500 ml

$\frac{3}{4}$ l: 1000 ml : 4 = 250 ml, 250 ml · 3 = **750 ml**

$\frac{1}{4}$ l: 1000 ml : 4 = 250 ml

$\frac{1}{8}$ l: 1000 ml : 8 = 125 ml

2

1. *Vergleiche und setze >, < oder = ein.*

a) $\frac{1}{2}$ l ☐ 490 ml

b) 745 l ☐ $\frac{3}{4}$ l

c) $\frac{1}{4}$ l ☐ 250 ml

d) $2\frac{1}{2}$ l ☐ 450 ml

e) $\frac{1}{8}$ l 300 ml ☐ 420 ml

f) 20 000 ml ☐ $1\frac{1}{2}$ l

2. *Notiere in Kommaschreibweise.*

a) 3 l 425 ml = ...

c) 212 l 619 ml = ...

b) 11 l 592 ml = ...

d) 335 ml = ...

3. *Wandle um und ergänze die Tabelle.*

Zahl	l	ml	Kommaschreibweise
30 426 ml			
842 ml			
6 l			
250 ml			

Rauminhalte: Liter und Milliliter

4. Auf einem Sommerfest trinkt jedes Kind $\frac{3}{4}$ l Wasser und $\frac{1}{4}$ l Apfelsaft. Es nehmen 21 Kinder teil.

a) Wie viel Liter Wasser und wie viel Liter Apfelsaft werden getrunken?
b) Wie viel Liter Flüssigkeit trinken die Kinder insgesamt?

Test 3

1. Rechne um in Milliliter.
a) 1 l 350 ml = ... ml
b) $\frac{2}{8}$ l = ... ml
c) $2\frac{3}{4}$ l = ... ml
d) $2\frac{1}{8}$ l = ... ml

2. Ordne der Größe nach.

345 ml   2 ml   1,643 l $1\frac{1}{2}$ l   65 ml $12\frac{1}{2}$ l   11,492 l   3 l 10 ml

3. Timo kauft einen Wasserkasten mit 12 Flaschen zu je $\frac{3}{4}$ Liter. Weil es so heiß ist, trinkt er sofort zwei Flaschen aus. Wie viele Liter Wasser bleiben noch übrig?

Antwort:

5. Muster und Strukturen

1 **Textaufgaben richtig lösen**

Regeln und Muster kannst du auch in Sachsituationen entdecken und andwenden.
Wenn du den Text einer Sachaufgabe bearbeiten möchtest, musst du genau lesen, um alle wichtigen Angaben für die Rechnung herauszufinden.
Dafür bieten sich folgende Lösungsschritte an:

1. Genau lesen
2. Wichtige Angaben markieren
3. Informationen unter „Wissen" zusammenfassen
4. Gegebenenfalls eine Frage finden
5. Eventuell eine Skizze anfertigen oder einen Plan aufstellen
6. Die Rechnung durchführen
7. Das Ergebnis mit einer Probe kontrollieren
8. Den Antwortsatz passend zur Fragestellung formulieren

2 *1. Markiere wichtige Angaben und trage sie unter „Wissen" zusammen.*

Die drei Freunde Tom, Ben und Finn wollen auf den Jahrmarkt gehen. Tom hat 3,50 € mitbekommen, Ben 4,80 € und Finn 8,35 €. Bens Oma spendiert allen zusätzlich 10 € für den Besuch. Tom erhält von seiner Tante noch einen Gutschein im Wert von 5 €. Die Freunde beschließen sich das Geld gemeinsam zu teilen. Wie viel kann jeder ausgeben?

....
....
....
....

Textaufgaben richtig lösen

2. *Markiere wichtige Angaben, notiere sie unter „Wissen"
und formuliere die Frage. Löse dann die Aufgabe.*

Auf einer Tombola gewinnt Marie eine Reise für zwei Personen. Am Montag legt sie mit ihrer Cousine eine Strecke von 450 km zurück, am Dienstag fahren sie 635 km, am Mittwoch 395 km und am Donnerstag machen sie eine Stadtbesichtigung. Am Freitag geht es 590 km weiter südlich und am Samstag noch einmal 175 km weiter.

Wissen: ....

Frage: ....

Plan: ....

....

Rechnen:

Antwort: ....

....

Muster und Strukturen

3. *Lies den Text aufmerksam und markiere die richtige Frage.*

Der Schulbus kann 26 Kinder transportieren. Am Kirchplatz ist der Bus zur Hälfte gefüllt. An der Hauptstraße steigen 10 Kinder zu, am Asternweg noch einmal 3 Personen. Am Bergfeld steigen 4 Kinder aus, während an der nächsten Haltestelle, der Dorfstraße, wieder 3 Kinder zusteigen.

☐ Wie alt ist der Busfahrer?
☐ Wie viele Kinder befinden sich zum Schluss im Bus?
☐ Wie lange dauert die Fahrt?
☐ Wie viele Kinder sind ausgestiegen?

4. *Wende die Lösungsschritte an und löse die Aufgabe.*

Ein Schiff soll eine Ladung von 320 t transportieren.
Es hat bereits 1630 Kisten zu je 25 kg, 5500 Kisten zu je 40 kg und 1500 Kisten zu je 30 kg geladen.

Wissen: ....

Frage: ....

Plan: ....

....

Rechne im Heft.

Antwort: ....

5. *Löse im Heft.*

In den Ferien mietet Familie Lauterbach eine Wohnung an der See für eine Woche und zwei Tage. Pro Tag kostet die Unterkunft 83 €. Die Lauterbachs möchten auch den Hund mitnehmen, für den eine tägliche Pauschale von 2,50 € fällig wird.

Textaufgaben richtig lösen

Test

1. *Verbinde den Text mit der passenden Rechnung.*

Jonas ist mit dem Bus schon 3 h 23 min unterwegs. In 15 min hat er sein Ziel erreicht.	49 · 7 = 346 km
Pia läuft in 45 min um den See und ist damit 17 min langsamer als ihre Freundin Kim.	3 h 23 min —+ 15 min→ 3 h 38 min
Familie Treter radelt in einer Woche durchschnittlich 49 km pro Tag.	45 min + 17 min = 62 min = 1 h 2 min
Jan fährt um 7:19 Uhr ab und erreicht sein Ziel um 11:43 Uhr.	21:15 Uhr bis 24:00 Uhr: 2 h 45 min 24:00 Uhr bis 11:25 Uhr: 11 h 25 min 11 h 25 min + 2 h 45 min → 14 h 10 min
Anton kann die Luft 36 s, Carla 1 min 13 s und Johann 75 s anhalten.	36 s < 73 s < 75 s
Mara schläft von 21:15 Uhr bis um 11:25 Uhr.	7:19 Uhr bis 8:00 Uhr: 41 min 8:00 Uhr bis 11:00 Uhr = 3 h 3 h + 41 min + 43 min = 4 h 24 min

133

Muster und Strukturen

1 Tabellen

Muster und Strukturen kannst du auch in Tabellen wiederfinden.

Beispiel:
Auf dem Markt werden Äpfel einzeln für 30 ct verkauft. In der Tabelle kannst du ablesen, was 4, 7 und 10 Äpfel kosten.

Anzahl Äpfel	1	2	3	4	5	6	7	8	9	10
Preis in ct	30	60	90	120	150	180	210	240	270	300

Vier Äpfel kosten 120 ct, sieben Äpfel kosten 210 ct und zehn Äpfel kosten 300 ct.

2

1. *Ergänze die Preise.*

Menge	125 g	250 g	500 g	1 kg (= 1000 g)
Preis	1,50 €			

2. *Ben kauft auf dem Markt Eier. Ein Ei kostet 20 ct.*
Wie viel kosten 3, 8 und 9 Eier?
Zeichne eine Tabelle und rechne.

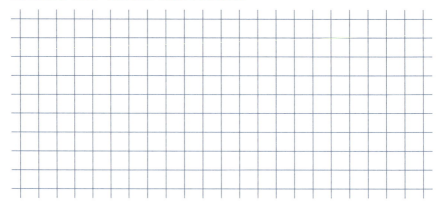

Tabellen

3. *Hier hat sich ein Fehler eingeschlichen. Finde und korrigiere ihn.*

Anzahl	2	5	7	10
Preis	3,60 €	9,00 €	12,80 €	18,00 €

4. *Ein Sammelbild kostet 0,35 €. Fülle die Tabelle aus.*

Sammelbilder	1	2	3	6	9	11
Preis	0,35 €					3,85 €

Test

1. *Suche den Fehler, kreise ihn ein und verbessere.*

Menge	125 g	250 g	500 g	1 kg
Preis	0,75 €	1,50 €	3,00 €	7,50 €

2. *Zehn Tulpen im Strauß kosten 4,50 €. Eine einzelne Tulpe kostet 0,50 €. Inga kauft drei Tulpen, Mara fünf Tulpen, Tobi kauft 3 Sträuße und Emma 2 Sträuße. Fülle die Tabellen richtig aus.*

Strauß	Tobi	
1		
4,50		

Tulpen		Mara
1		

Muster und Strukturen

1 Diagramme

In einem Diagramm werden Informationen und Anzahlen bildlich dargestellt. Die Angaben dazu stehen jeweils am Rand. Anhand der Länge einer **Säule** oder eines **Balkens** kannst du die Daten vergleichen.

2 1. *Anna und ihre spanische Freundin Sofia vergleichen das Klima in Berlin und Madrid.*

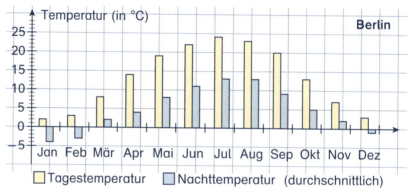

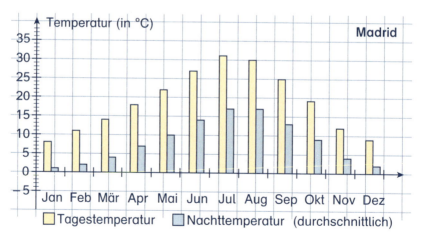

a) Wie hoch sind die höchsten Tagestemperaturen?
Markiere sie im Diagramm orange.
b) Notiere die niedrigsten Nachttemperaturen.
Markiere sie im Diagramm blau.

Diagramme

2. *Überprüfe. Kreuze richtig (R) oder falsch (F) an an.*

	R	F
a) In Berlin ist es kälter als in Madrid.	☐	☐
b) Im Juli ist die Temperatur gleich hoch.	☐	☐
c) Im Januar ist es in Madrid kälter.	☐	☐
d) In Berlin steigt die Temperatur im Sommer über 30 °C.	☐	☐
e) In Madrid sinkt die Temperatur nachts unter 0 °C.	☐	☐

Für Experten: Worauf musst du bei den Antworten achten?

Test

1. *Vervollständige das Säulendiagramm.*
Runde bei Kommazahlen auf Einer.

> Januar: 2,3 °C, Februar: 4,3 °C, März: 7 °C
> April: 10,9 °C, Mai: 12,5 °C, Juni: 16,3 °C
> Juli: 19,2 °C, August: 16 °C,
> September: 14,9 °C, Oktober: 11,9 °C,
> November: 6,4 °C, Dezember: 2,6 °C

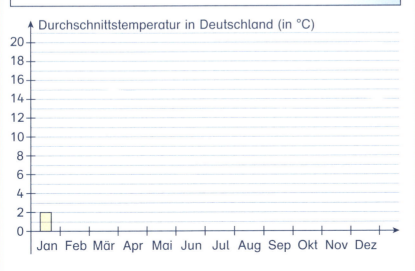

Durchschnittstemperatur in Deutschland (in °C)

Muster und Strukturen

1 Arithmetische Muster

Mithilfe der vier Grundrechenarten kannst du Zahlenfolgen erstellen, die nach bestimmten Regeln aufgebaut sind.
Beispiel:
15, 20, 25, 30, 35, …, …, 50   Regel: +5

2

1. *Finde die Regel und setze die Reihe fort.*

a) 8, 12, 16, 20, ……, ……, ……, ……, 40   Regel: ……

b) 13, 16, 19, 22, 25, 28, ……, ……, ……, 40   Regel: ……

c) 6, 15, 24, 33, ……, ……, ……, ……, 78   Regel: ……

d) 8, 14, 20, 26, ……, ……, ……, ……, 56   Regel: ……

2. *Finde die Regel und setze die Reihe fort.*

a) 70, 65, 55, ……, ……, ……, ……, 20   Regel: ……

b) 52, 49, 46, 43, ……, ……, ……, ……, 28   Regel: ……

c) 250, 225, 200, 175, ……, ……, 100   Regel: ……

d) 500, 425, 350, 275, ……, ……, 50   Regel: ……

3. *Finde eigene Regeln und schreibe die Zahlenfolgen dazu auf.*

………………………………………………………………………………

………………………………………………………………………………

………………………………………………………………………………

………………………………………………………………………………

Arithmetische Muster

4. *Ergänze zu jeder Regel die Zahlenfolge.*

a) + 13 ...., ..., 37, 50, ..., ...

b) − 2 + 4 8, 6, 10, ..., ..., ..., 14, ..., ...

c) : 2 · 4 4, 2, 8, ..., ..., 8, ..., ..., 64

d) − 15 + 18 ...., ..., ..., 86, ..., ...

Tipp:
Finde die vorhergehenden Zahlen heraus, indem du die Regel umkehrst.
Beispiel: ..., 9, 14, ..., ...   Regel + 5

5. *Dieser Kasten ist nach einer bestimmten Regel aufgebaut. Versuche, wenn du sie gefunden hast, das Muster fortzusetzen.*

13 + 19	.... + ...
24 + 18	.... + ...
35 + 17	.... + ...
46 + ...	.... + ...

Regel: ....

6. *Setze fort.*

96 − 8	....
87 − 12	....
78 − 16	....

Regel: ....

Muster und Strukturen

7. In dieser Zahlenmauer ergeben zwei nebeneinanderstehende Zahlen addiert die darüberliegende Zahl. Findest du die fehlenden Zahlen?

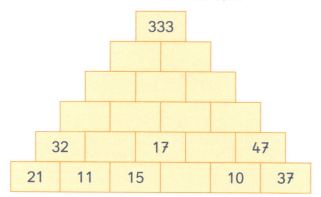

8. Finde die Regel und setze die Reihe fort.

a) 5, 25, ..., ..., 3125   Regel: ....

b) 2, 4, 12, 24, ..., ..., ..., 864   Regel: ....

c) 7, 14, 28, ..., ..., ..., ..., 896   Regel: ....

9. Ergänze zu der Regel die Zahlenfolge.

a) Regel: :2   1088, 544, ..., ..., ..., ..., 17

b) Regel: −125   1000, 875, 750, ..., ..., ...

c) Regel: :5·2   500, 100, 200, ..., ..., ..., ...

10. Finde zu diesem Kasten das Muster und ergänze weitere Aufgaben.

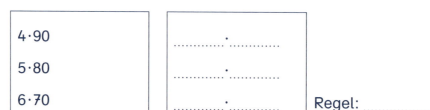

Regel: ....

Arithmetische Muster

11. *In einem Zauberquadrat muss in jeder Zeile, jeder Spalte und jeder Diagonale die gleiche Summe entstehen. Diese Summe ist die Zauberzahl. Ergänze das Muster dieses Zauberquadrats.*

320		320
	300	
280		

Zauberzahl: ....

12. *Finde das Muster des Zauberquadrats. In jeder Zeile, Spalte und Diagonale muss die gleiche Summe entstehen. Diese Summe ist die Zauberzahl.*

a)

1	15	14	4
12	6	7	9
8	10	11	5
13	3	2	16

Zauberzahl: ....

b)

15		3	6
4	5		
	11	2	7
1		13	12

Zauberzahl: ....

Muster und Strukturen

3 Test

1. *Entschlüssele die Botschaft, indem du jedem Buchstaben des Alphabets eine Zahl zuordnest:*

A = 1, B = 2, C = 3, …, Z = 26
Das ist die geheime Botschaft:
4 21 − 2 9 19 20 − 20 15 12 12.

....

2. *Finde die Regel und setze fort.*

a) 420, 210, 220, ..., ..., ..., ..., ...

Regel: ....

b) 29 613, 29 113, 28 613, ..., ..., ...

Regel: ....

c) 36, 40, 38, ..., ..., ..., ..., ...

Regel: ....

3. *Ergänze die Zahlenmauer.*

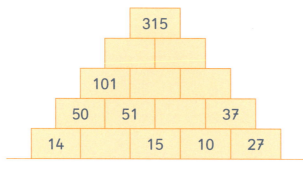

Arithmetische Muster

Test

4. *In einem Sudoku müssen in jedem Neunerfeld die Zahlen von 1–9 enthalten sein. Dies gilt auch für alle Reihen und Spalten im gesamten Feld.*

	5	7					2	4
	9	8					1	3
				3	7			
2	3			8	9			
7	6						8	5
			4	6			3	7
			9	2				
8	1					4	6	
5	2					1	7	

Tipp:
Um festzustellen, welche Position für eine Zahl frei ist, kannst du mit den Augen das Feld abscannen. Gibt es in der gleichen Reihe oder Spalte keine gleiche Zahl, kannst du sie an der Stelle einsetzen.

6. Geometrie

1 **Geraden und Strecken, parallel und senkrecht**

Eine gerade Linie, die unbegrenzt ist, nennt man eine **Gerade**. Man bezeichnet Geraden mit Kleinbuchstaben. Geraden können sich auch schneiden (a und b). Es gibt Geraden, die sich nie schneiden. Diese Geraden sind **parallel** zueinander (a, c und d sind parallel).

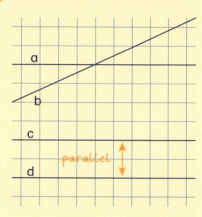

Eine gerade Linie, die begrenzt ist, also eine bestimmte Länge hat, nennt man eine **Strecke**. Man bennent sie mithilfe von Großbuchstaben am Anfang und Ende ($\overline{EF}$, $\overline{GH}$). Strecken, die sich nicht schneiden, sind **parallel** zueinander ($\overline{EH}$, $\overline{IJ}$ und $\overline{KL}$ sind parallel zueinander).

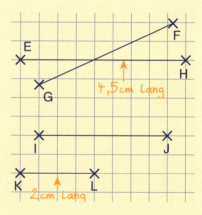

Geraden oder Strecken, die sich in der abgebildeten Weise schneiden stehen senkrecht aufeinander. Zwischen ihnen entsteht dann ein rechter Winkel.
Das kannst du mit dem Geodreieck überprüfen.

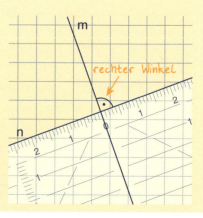

Geraden und Strecken, parallel und senkrecht

1. *Färbe ...*

a) alle Geraden dunkelblau.
b) alle Strecken orange.
c) Flächen zwischen parallelen Strecken hellorange.
d) Flächen zwischen zueinander parallelen Geraden blau.

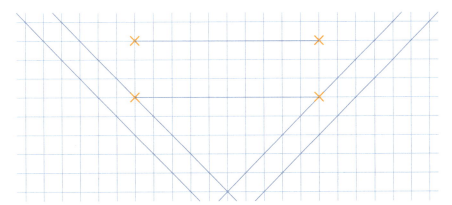

Test

1. *Zeichne und benenne ...*

a) zwei Geraden a und b, die zueinander parallel sind.
b) zwei Strecken $\overline{CD}$ und $\overline{EF}$ mit je 3 cm Länge, die sich schneiden.
c) eine 2 cm lange Strecke $\overline{GH}$, die senkrecht auf einer Geraden i steht.

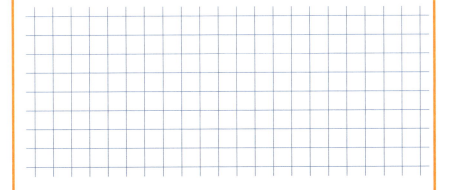

Geometrie

1 Quadrat, Rechteck, Dreieck, Vieleck

Zum Grundwissen der Geometrie gehören einfache ebene **Figuren** wie das Quadrat, das Rechteck, das Dreieck und das Vieleck. Das sind die Kennzeichen dieser Figuren:
Die **Fläche** wird von den **Seiten** begrenzt, an den Enden der Seiten sind die **Ecken**.

▢	Das **Quadrat** hat 4 Ecken und 4 gleichlange Seiten, die senkrecht aufeinander stehen.
▭	Das **Rechteck** ist ein Viereck, dessen gegenüberliegende Seiten gleich lang sind und senkrecht aufeinander stehen.
△	Ein **Dreieck** hat 3 Ecken und 3 Seiten.
⬡	Mit **Vieleck** bezeichnet man ebene Figuren mehr als 4 Ecken, hier ist ein Sechseck abgebildet.

2

1. *Vervollständige. Zeichne alle Eckpunkte orange und alle Seiten blau. Male den Flächeninhalt hellblau aus.*

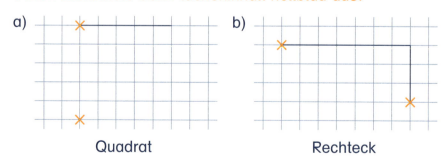

a) Quadrat   b) Rechteck

Quadrat, Rechteck, Dreieck, Vieleck

c)
Dreieck

d)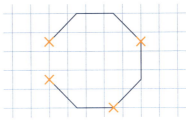
Achteck

Test   3

1. *Färbe im Suchbild Quadrate blau, Rechtecke hellblau, Dreiecke orange und Kreise hellorange.*

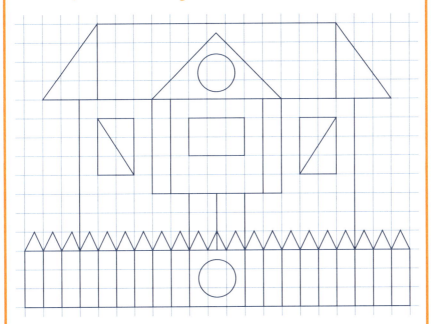

2. *Löse das Rätsel.*

Ich habe keine Ecken und Seiten und doch bin ich eine wichtige geometrische Figur. Auf meiner Fläche werden viele Gegenstände errichtet.

Wer bin ich? ....

Geometrie

1 **Parallelogramm**

Das Parallelogramm ist ein besonderes Viereck, dessen gegenüberliegende Seiten parallel zueinander und gleich lang sind. Im Bild rechts sind die orangefarbigen Linien parallel zueinander und ca. 1,8 cm lang, die blauen ebenfalls mit 3 cm Länge.

2 **1.** Zeichne ein Rechteck EFGH, dessen Seiten 5 cm und 2 cm lang sind.

2. Zeichne noch mindestens zwei Parallelogramme mit denselben Seitenlängen.

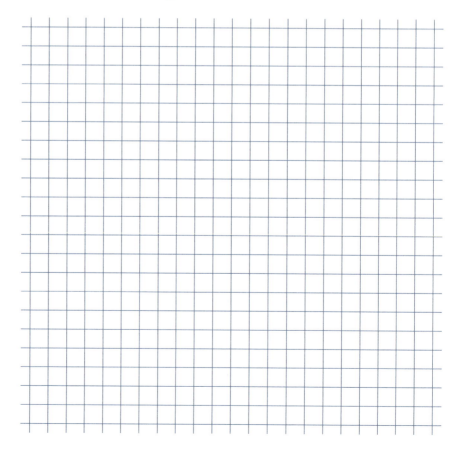

Parallelogramm

3. *Welche Vierecke sind Parallelogramme?*

a)  b)  c)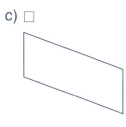

d) □ e) 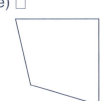 f)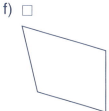

Test   3

1. *Zeichne eine Gerade durch A und B und mit dem Geodreieck zwei Parallelen dazu, die durch C und D gehen. Zeichne eine Gerade durch C und D und dazu zwei Parallelen, die durch A und B gehen.*

Wie viele Parallelogramme siehst du? ....

Geometrie

1 Kreis

Jeder Kreis hat eine **Kreislinie**, eine **Kreisfläche** und einen **Mittelpunkt**.

Der Mittelpunkt dieses Kreises ist M.

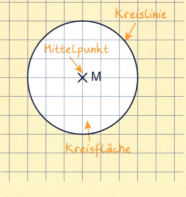

$\overline{MO}$ ist ein **Radius** (r) des Kreises um M. Der Radius verläuft vom Mittelpunkt aus zu einem Punkt auf der Kreislinie.
$\overline{PQ}$ ist ein **Durchmesser** des Kreises um M.
Der Durchmesser beginnt an der Kreislinie, verläuft durch den Mittelpunkt und endet an der Kreislinie.

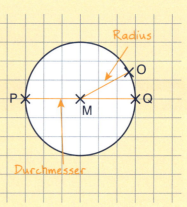

2

1. *Zeichne in dein Heft zwei Kreise mit den Radien 3 cm und 4 cm.*

Kreis

2. *Zeichne in diesem Kreis viele bunte Durchmesser ein. Miss sie. Was fällt dir auf?*

....

....

....

....

....

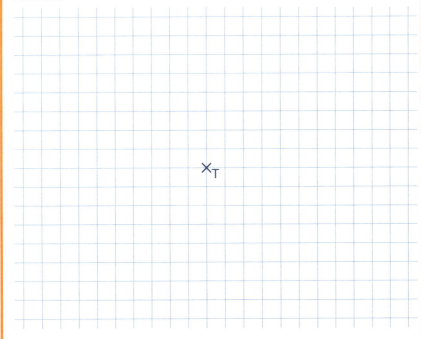

Test

1. *Zeichne um den Mittelpunkt T drei Kreise mit den Radien 2, 3 und 4 cm. Bestimme den Durchmesser aller Kreise.*

1. Durchmesser: .... 2. Durchmesser: ....

3. Durchmesser: ....

151

Geometrie

1 ### Flächeninhalt und Umfang

Den **Flächeninhalt** einer Figur kannst du mit Kästchen oder Zentimeterquadraten (das sind Kästchen mit 1 cm Kantenlänge, die man **Quadratzentimeter** nennt) messen:

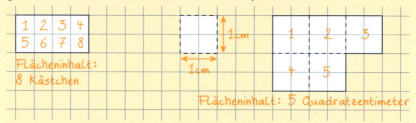

Den **Umfang** einer Figur misst du in Zentimetern (cm):

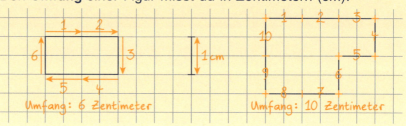

2 **1.** *Bestimme den Flächeninhalt.*
(1 Kästchen = 1 Quadratzentimeter)

a)

b)

.... Quadratzentimenter   .... Quadratzentimenter

2. *Bestimme den Umfang der Figuren aus Aufgabe 1.*

a) ....

b) ....

Flächeninhalt und Umfang

3. *Bestimme den Flächeninhalt und den Umfang.*

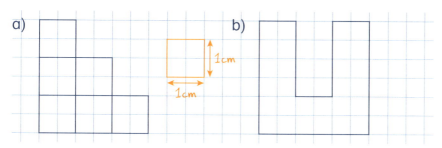

Flächeninhalt:

.... Kästchen   .... Kästchen

.... Quadratzentimeter .... Quadratzentimeter

Umfang:

.... Zentimeter   .... Zentimeter

Test   3

1. *Bestimme den Flächeninhalt und den Umfang.*

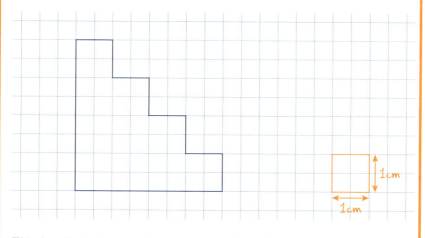

Flächeninhalt: .... Quadratzentimeter

Umfang: .... Zentimeter

Geometrie

1 Räumliche Figuren (Körper)

Körper besitzen eine Grundfläche, Seitenflächen und zum Teil auch eine Deckfläche.

Beispiel: Der Würfel
Die **Grundfläche** ist ein Quadrat mit den Eckpunkten ABCD. Das Viereck ADHE ist eine Begrenzungs- oder **Seitenfläche** des Würfels.
Das Viereck EFGH ist eine **Deckfläche**.
Der Würfel hat 12 **Kanten** (z. B. $\overline{AE}$) und 8 Ecken (z. B. C).

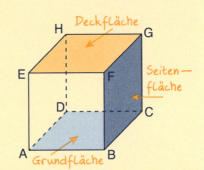

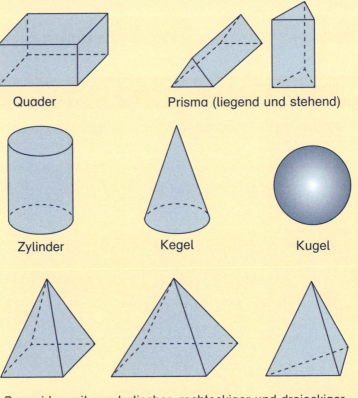

Quader

Prisma (liegend und stehend)

Zylinder

Kegel

Kugel

Pyramiden mit quadratischer, rechteckiger und dreieckiger Grundfläche

Räumliche Figuren (Körper)

1. *Ergänze die Sätze.*

Die Grundfläche, die Seitenflächen und die Deckfäche

eines Würfels sind ....

Die Grundfläche eines Quaders ist ein .... ,

seine Seitenflächen sind ....

Die Grundfläche eines Kegels ist ein ....

.... und .... haben kreis-

förmige Grundflächen.

Die Seitenflächen von Pyramiden sind ....

Test

1. *Ergänze die Angaben in der Tabelle.*

	Anzahl Ecken	Anzahl Kanten	Anzahl Flächen
Würfel			
Quader			
Kegel			
Kugel			
Pyramide mit quadratischer Grundfläche			
Zylinder			
Prisma			

155

Geometrie

1 Würfelgebäude

Durch Schrägbilder versucht man die Dreidimensionalität von Würfelgebäuden wiederzugeben. Sie erlauben perspektivisches Sehen und logische Schlüsse über die nicht sichtbaren Teile.

So zeichnet man Würfel auf Karopapier: Punktpapier:

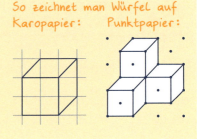

2 1. *Ein Würfelgebäude*

a) Male alle Flächen, die man von oben, vorne und rechts aus sieht, mit der gleichen Farbe aus.

b) Wie viele Würfel sind sichtbar? ....

c) Wie viele Würfel sind es insgesamt? ....

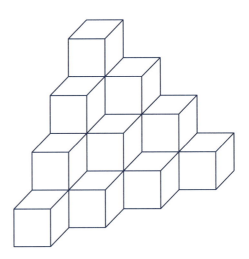

Tipp:
Überlege so: In der hintersten (4.) Reihe sind vier „Türme": einer mit vier, einer mit drei, einer mit zwei, einer mit einem Würfel, also 4 + 3 + 2 + 1 = 10 Würfel.
In der 3. Reihe sind es 3 + 2 + 1 = 6 Würfel, usw.

4. Reihe   3. Reihe   2. Reihe   1. Reihe

Wenn du es dir immer noch nicht vorstellen kannst, baue die Gebäude mit Holzwürfeln nach und zähle diese.

Würfelgebäude

2. Aus wie vielen Würfeln sind die Gebäude gebaut?

(1)   15 Würfel

(2)  ....

(3) 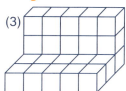 ....

(4) ....

(5) ....

(6) 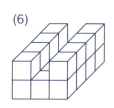 ....

Test

1. Zeichne ein: a) einen einzelnen Würfel, b) vier Würfel nebeneinander, c) zwei Würfel übereinander und d) das Würfelgebäude (1) von Aufgabe 2.

Geometrie

1 **Netze**

Aus den Begrenzungsflächen eines Körpers lassen sich **Netze** herstellen, im Bild rechts siehst du ein Würfelnetz.

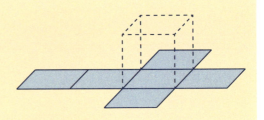

So ein Quadernetz hat man beispielsweise auch in der Hand, wenn man ein Postpaket zusammenfalten möchte.
Netze lassen sich auch aus anderen Körpern wie z. B. Pyramiden oder Prismen bilden.

2 **1.** *Welches Netz passt?*

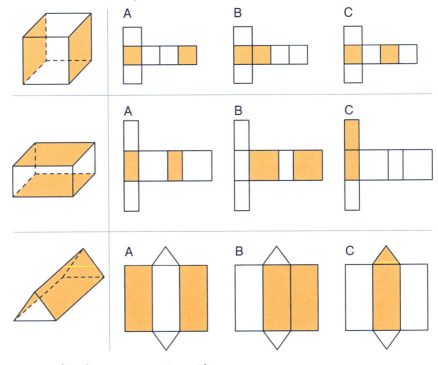

Zum Würfel passt das Netz ....

....

....

158

Netze

2. Verbinde den Alltagsgegenstand mit dem zugehörigen Namen des Körpers und dem richtigen Netz.

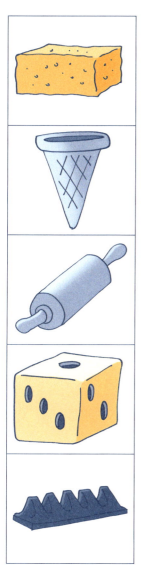
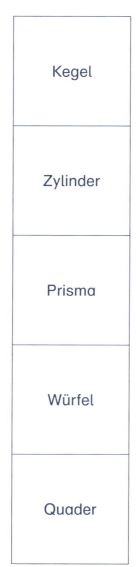
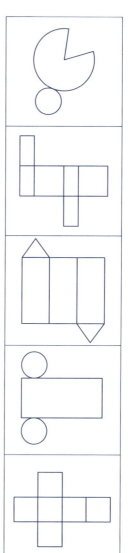

Test

1. Zeichne im Heft ein Würfelnetz mit der Grundfläche 2 cm × 2 cm.

Geometrie

1 ### Achsensymmetrie

Eine Figur ist **achsensymmetrisch** zur Geraden g, wenn sie bei der Spiegelung an der Geraden g auf sich selbst abgebildet wird.
Die Gerade g ist dann die **Symmetrieachse** der Figur.

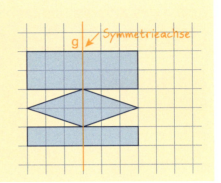

Tipp:
Wenn du die Achsenspiegelung durchführen möchtest, musst du einen Spiegel senkrecht auf die Gerade g setzen. Im Spiegel kannst du dann das Bild der Teilfigur erkennen.

2 1. *Zeichne die Spiegelachse (Symmetrieachse) ein.*

160

Achsensymmetrie

2. *Zeichne die Spiegelbilder.*

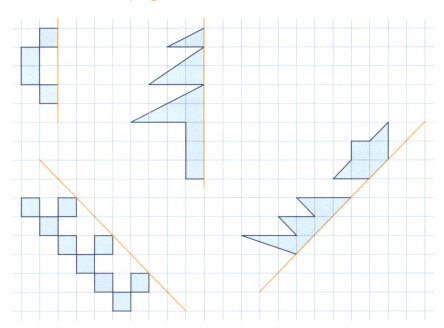

Test

1. *Welche Figuren haben wie viele Spiegelachsen?*

keine Achse: ....

eine Achse: ....

mehrere Achsen: ....

Geometrie

1 **Maßstab: Vergrößern und Verkleinern**

Eine wirklichkeitsgetreue Darstellung entspricht dem **Maßstab** 1 : 1.

Verkleinern: Der Maßstab 1 : 10 bedeutet zum Beispiel, dass 1 cm im Bild 10 cm in Wirklichkeit entspricht.

Vergrößern: Der Maßstab 10 : 1 bedeutet zum Beispiel, dass 10 cm im Bild 1 cm in Wirklichkeit entsprechen.

Beim Maßstab **1 : 2** (verkleinern, die erste Zahl ist kleiner) musst du jede Linie halb so lang zeichnen.
Beim Maßstab **2 : 1** (vergrößern, die erste Zahl ist größer) musst du jede Linie doppelt so lang zeichnen.

2 **1.** *Zeichne die Figuren vergrößert im Maßstab 2 : 1.*

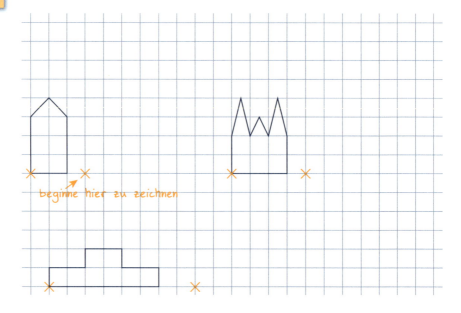

Maßstab: Vergrößern und Verkleinern

2. Zeichne die Figuren verkleinert im Maßstab 1:2.

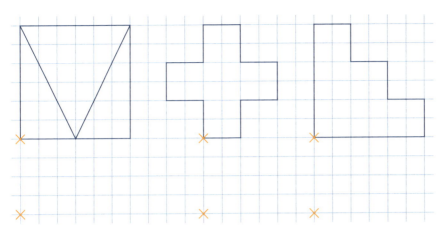

3. Wenn ein Käfer in einer Zeichnung vom Maßstab 5:1 genau 5 cm lang ist, wie lang ist er in Wirklichkeit? Erkläre.

Der Maßstab 5:1 bedeutet, dass 5 cm im Bild ....

....

....

Test

1. Zeichne im Maßstab a) 2:1,   b) 1:2,   c) 3:1.

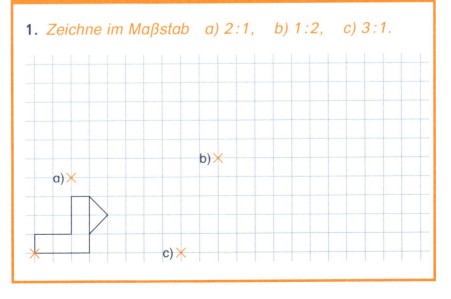

Lösungen

Kapitel 1: Zahlenräume

Bei den Tests gibt es, wenn nicht anders vermerkt, pro Teilaufgabe oder Teilschritt einen Punkt.

Seite 9

1. Individuelle Schätzung. Das Einkreisen ergibt: Es sind 30 Würfel.

2.
a)	0	3	4
b)	0	5	5
c)	1	1	3

Test
1.
H	Z	E
1	8	4

Auswertung zum Test: Von insgesamt 3 Punkten hast du .... Punkte erreicht.

Super!	In Ordnung!	Bitte noch einmal üben!
3 Punkte	2 Punkte	Weniger als 2 Punkte

Seite 10

1. a)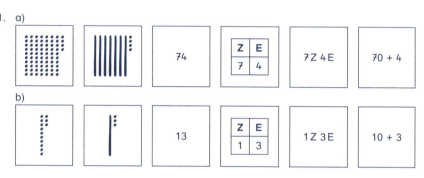

b) (Bildstreifen: 13 | Z E / 1 3 | 1Z 3E | 10 + 3)

2. a) 84   b) 36   c) 49   d) 23

Seite 11

Test
1. a) = 3Z 2E = 32 = 30 + 2

Z	E
3	2

b) = 5Z 1E = 51 = 50 + 1

Z	E
5	1

2. a) 3Z + 2E = zweiunddreißig   b) 9Z + 6E = sechsundneunzig
   c) 1Z + 7E = siebzehn   d) 0Z + 8E = acht

3. a) dreiundzwanzig = 23   b) sechsundvierzig = 46   c) neunundfünfzig = 59
   d) achtundachtzig = 88   e) einundsechzig = 61

Auswertung zum Test: Von insgesamt 11 Punkten hast du .... Punkte erreicht.

Super!	In Ordnung!	Bitte noch einmal üben!
11 bis 9 Punkte	8 bis 6 Punkte	Weniger als 6 Punkte

Kapitel 1: Zahlenräume

1. a) [Hunderterfeld mit Zeilen eingekreist: 1-10, 11-20, 21-30, 31-40, 41-50, 51-60, 61-70, 71-80, 81-90, 91-100]
   b) [Hunderterfeld mit Spalten eingekreist: 1,11,21,...,91 | 2,12,22,...,92 | usw.]

Seite 12

2. Markiert im Hunderterfeld: 14, 26, 32, 47, 49, 54, 63, 76, 97

3. a) 1, 2, 3, 4, 5, 6, 7, 8, 9, 10
   b) 91, 92, 93, 94, 95, 96, 97, 98, 99, 100
   c) 1, 11, 21, 31, 41, 51, 61, 71, 81, 91
   d) 10, 20, 30, 40, 50, 60, 70, 80, 90, 100

Seite 13

4. 3 Einern:
   3, 13, 23, 33, 43, 53, 63, 73, 83, 93
   8 Einern:
   8, 18, 28, 38, 48, 58, 68, 78, 88, 98
   Was fällt dir auf? Alle Ergebnisse befinden sich in einer Spalte.

Seite 14

5. 2 Zehnern: 20, 21, 22, 23, 24, 25, 26, 27, 28, 29
   9 Zehnern: 90, 91, 92, 93, 94, 95, 96, 97, 98, 99
   Was fällt dir auf? Fast alle Ergebnisse befinden sich in einer Zeile.

6. zwei gleiche Ziffern: 11, 22, 33, 44, 55, 66, 77, 88, 99
   Was fällt dir auf? Alle Ergebnisse liegen auf einer Diagonalen.

7. a) 25, 27, 36, 45, 47
   b) 2, 12, 22, 32, 42, 43, 44, 52, 62

   c) 42, 43, 44, 45, 46, 47, 48, 49, 58, 68
   d) 55, 64, 65, 66, 75

165

Lösungen

Seite 15

Test

1. 12, 27, 34, 50, 53, 54, 61, 79, 84, 87, 92, 98 (vergleiche auch die vollständig ausgefüllten Hundertertafeln, zum Beispiel auf Seite 12) (je Zahl 1/2 Punkt, insg. 6)

2.

37		
47		
57		
67	68	69
77		

12	13	14	15
5			
15	16		
25	26	27	
35	36	37	38

62	63	64
72	73	74
83	83	84

(für jede vollständig richtig ausgefüllte Tabelle bekommst du 2 Punkt, insg. 8)

3. 10, 20, 30, 40, 50, 60, 70, 80, 90, 100 (je Zahl 1/2 Punkt, insg. 5)

Auswertung zum Test: Von insgesamt 19 Punkten hast du .... Punkte erreicht.

Super!	In Ordnung!	Bitte noch einmal üben!
19 bis 16 Punkte	15 bis 10 Punkte	Weniger als 10 Punkte

Seite 16

1. a) 3 < 14   b) 61 > 47   c) 35 = 35

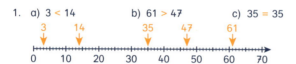

2. a) 16 < 25   b) 21 > 11   c) 46 < 97   d) 96 > 69
   e) 88 < 92   f) 51 > 38   g) 33 = 33   h) 2 < 21

Seite 17

3.

Test

1. Es ist einfacher und sicherer, wenn du alle Striche beschriftest (hier hell): (5 Punkte)

   0 5 10 15 20 25 30 35 40 45 50 55 60 65 70 75 80 85 90

2. a) 38 < 41   b) 25 < 27   c) 19 < 91
   d) 14 < 36   e) 31 > 13   f) 85 > 49
   g) 59 > 47   h) 48 < 62   i) 68 > 60

3.

21	85	13	46	29	61	8	35
3	8	2	6	4	7	1	5

Auswertung zum Test: Von insgesamt 22 Punkten hast du .... Punkte erreicht.

Super!	In Ordnung!	Bitte noch einmal üben!
22 bis 19 Punkte	18 bis 11 Punkte	Weniger als 11 Punkte

166

Kapitel 1: Zahlenräume

1.
| 40 | 44 | 50 |
| 90 | 93 | 100 |

| 50 | 56 | 60 |
| 70 | 78 | 80 |

| 10 | 16 | 20 |
| 20 | 22 | 30 |

Seite 18

2.
20	22	23	24	30
10	11	12	13	20
40	45	46	47	50
70	77	78	79	80

3. a) 17, 19, 21, 23, 25, 27, 29; plus 2   b) 100, 98, 96, 94, 92, 90, 88; minus 2   Seite 19
c) 10, 15, 20, 25, 30, 35; plus 5   d) 83, 82, 81, 80, 79, 78; minus 1
e) 32, 36, 34, 38, 36, 40, 38; plus 4, minus 2
f) 30, 25, 20, 15, 10, 5, 0; minus 5
g) 16, 26, 25, 35, 34, 44, 43; plus 10, minus 1
h) 63, 56, 49, 42, 35, 28, 21; minus 7

4.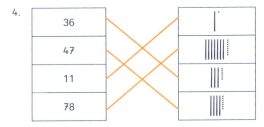

5.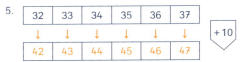

6.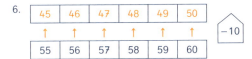

Seite 20

7.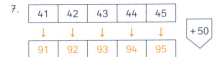

8.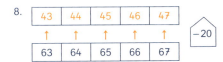

9.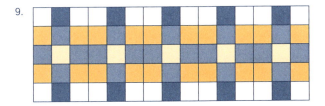

167

Lösungen

Seite 21

Test

1.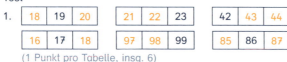
(1 Punkt pro Tabelle, insg. 6)

2.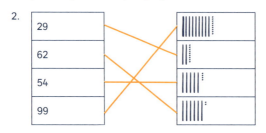

3. a) 8 < 13 < 21 < 29 < 35 < 46 < 61 < 85
   b) 11 < 15 < 33 < 47 < 58 < 66 < 82 < 95
   (Je 4 Punkte, wenn alles richtig ist; ziehe für jeden Fehler 1 Punkt ab)

4. | 40 | 42 | 50 | | 60 | 68 | 70 | | 20 | 24 | 30 |
   |----|----|----|---|----|----|----|---|----|----|----|
   | 90 | 92 |100 | | 50 | 53 | 60 | | 30 | 36 | 40 |

   (1 Punkt pro Tabelle; insg. 6)

Auswertung zum Test: Von insgesamt 24 Punkten hast du .... Punkte erreicht.

Super!	In Ordnung!	Bitte noch einmal üben!
24 bis 20 Punkte	19 bis 12 Punkte	Weniger als 12 Punkte

Seite 22

1. a) 6H 3Z 5E = 635   b) 3H 0Z 2E = 302   c) 5H 6Z 1E = 561
   d) 7H 8Z 0E = 780   e) 4H 2Z 6E = 426   f) 8H 9Z 1E = 891

Seite 23

2. Es sind 673 Punkte.

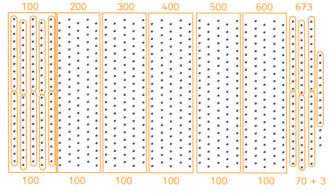

3. a) 300 + 20 + 5 = 325   b) 100 + 70 + 2 = 172   c) 400 + 50 + 2 = 452
   d) 300 + 80 + 1 = 381   e) 100 + 10 + 1 = 111   f) 200 + 90 + 2 = 292
   g) 700 + 10 + 4 = 714

Seite 24

4. | H | Z | E | | H | Z | E | | H | Z | E | | H | Z | E |
   |---|---|---|---|---|---|---|---|---|---|---|---|---|---|---|
   | 1 | 2 | 5 | | 3 | 1 | 5 | | | 7 | 3 | | 4 | 0 | 8 |

Kapitel 1: Zahlenräume

5.

6. a) 500 + 500 = 1000   b) 950 + 50 = 1000   c) 700 + 300 = 1000
   d) 370 + 630 = 1000   e) 400 + 600 = 1000   f) 880 + 120 = 1000
   g) 900 + 100 = 1000   h) 440 + 560 = 1000   i) 0 + 1000 = 1000
   j) 210 + 790 = 1000

7. 56, 102, 271, 342, 409, 487, 587, 645, 801, 918

Test   Seite 25

1.
T	H	Z	E
2	4	7	6

2. a) 3H 6Z 5E = 365   b) 7H 2Z 3E = 723   c) 0H 5Z 1E = 51

3. a) 452 < 609   b) 811 > 643   c) 100 < 1000
   d) 312 = 312   e) 46 < 460   f) 915 > 519

Auswertung zum Test: Von insgesamt 10 Punkten hast du .... Punkte erreicht.

Super!	In Ordnung!	Bitte noch einmal üben!
10 bis 9 Punkte	8 bis 5 Punkte	Weniger als 5 Punkte

1.   Seite 26

Zahl	M	HT	ZT	T	H	Z	E
114					1	1	4
596 315		5	9	6	3	1	5
1 284 013	1	2	8	4	0	1	3
96						9	6
8604				8	6	0	4

2. a) 8323   b) 15 336   c) 700 003   d) 2 013 103   Seite 27
   e) 19 413   f) 1051

3. a: 80 000,   b: 150 000,   c: 250 000,   d: 570 000,
   e: 670 000,   f: 770 000,   g: 940 000,   h: 980 000

4. a) 300 000 + 20 000 + 5000 + 300 + 30 + 7   Seite 28
      dreihundertfünfundzwanzigtausenddreihundertsiebenunddreißig
   b) **60 000 + 30 000** + 4000 + 800 + 3
      Achtung: Hier musst du erst die Zehntausender addieren.
      vierundneunzigtausendachthundertdrei
   c) 50 + 10 000 + 50 000 + 4 + 800
      Auch hier musst du erst die Zehntausender addieren und dann sortieren:
      60 000 + 800 + 50 + 4: sechzigtausendachthundertvierundfünfzig
   d) 1 000 000 + 20 000 + 6000 + 200 + 10
      eine Million sechsundzwanzigtausendzweihundertzehn
   e) 200 000 + 40 + 5
      zweihunderttausendfünfundvierzig

169

Lösungen

5.

Seite 29

Test
1. 14 < 175 < 265 < 446 < 447 < 513 < 889 < 982   (3 Punkte, falls alles richtig ist)

2. a)

b)

3. a) 389 603   b) 932 219   c) 1 800 502

Auswertung zum Test: Von insgesamt 15 Punkten hast du ……… Punkte erreicht.

Super!	In Ordnung!	Bitte noch einmal üben!
15 bis 13 Punkte	12 bis 8 Punkte	Weniger als 8 Punkte

Seite 30

1. a) 370   b) 500   c) 700

2. a) 300   b) 800   c) 200

3. a) 2000   b) 9000   c) 2000

4. a) 40 000   b) 50 000   c) 70 000   d) 70 000

Seite 31

5. gerundete Zahlen: 70 000, 110 000, 80 000, 60 000, 50 000

50 000   60 000   70 000   80 000   90 000   100 000   110 000

Test
1.
auf Hunderter	19 300	36 500	768 600
auf Tausender	19 000	37 000	769 000
auf Zehntausender	20 000	40 000	770 000

2. a) 378   b) 732   c) 466   d) 275
   e) 456   f) 423   g) 664   h) 895

Auswertung zum Test: Von insgesamt 17 Punkten hast du ……… Punkte erreicht.

Super!	In Ordnung!	Bitte noch einmal üben!
17 bis 14 Punkte	13 bis 9 Punkte	Weniger als 9 Punkte

Kapitel 2: Arithmetik: Addition und Subtraktion

1.

23 + 4	3 + 4 = 7	57 + 42 = 99
31 + 7	5 + 3 = 8	23 + 14 = 37
45 + 3	4 + 4 = 8	64 + 34 = 98
82 + 6	7 + 2 = 9	31 + 27 = 58
64 + 4	1 + 7 = 8	45 + 33 = 78
57 + 2	2 + 6 = 8	82 + 16 = 98

Seite 33

Test

1. a) 33 + 4 = 37 b) 65 + 3 = 68 c) 22 + 7 = 29

2. a) 24 + 13 = 37 b) 66 + 33 = 99 c) 51 + 29 = 80

3.

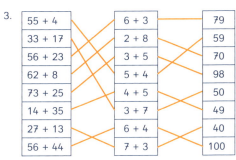

55 + 4	6 + 3	79
33 + 17	2 + 8	59
56 + 23	3 + 5	70
62 + 8	5 + 4	98
73 + 25	4 + 5	50
14 + 35	3 + 7	49
27 + 13	6 + 4	40
56 + 44	7 + 3	100

je 1/2 Punkt (insg. 4)

Auswertung zum Test: Von insgesamt 10 Punkten hast du .... Punkte erreicht.

Super!	In Ordnung!	Bitte noch einmal üben!
10 bis 9 Punkte	8 bis 5 Punkte	Weniger als 5 Punkte

1. a) 6 + 5 = 11 b) 7 + 4 = 11 c) 8 + 3 = 11
   d) 9 + 6 = 15 e) 5 + 7 = 12 f) 4 + 8 = 12

Seite 34

2. a) 20 + 50 = 70 b) 8 + 7 = 15 c) 42 + 9 = 51
   d) 36 + 50 = 86 e) 48 + 37 = 85 f) 42 + 19 = 61
   g) 36 + 57 = 93 h) 18 + 67 = 85 i) 42 + 29 = 71

Test

1.

8 + 8 = 16	7 + 4 = 11
6 + 5 = 11	9 + 7 = 16
7 + 8 = 15	9 + 6 = 15

Du bekommst 2 Punkte, wenn alles richtig verbunden ist.

Seite 35

2.

40		70		90	
13	27	48	22	85	5
22	18	27	43	52	38
35	5	11	59	61	29
17	23	58	12	43	47
3	37	62	8	81	9

Es gibt 2 Punkte für jede Tabelle.

Lösungen

3. a) 07 + 14 = 41   b) 76 + 15 = 91   c) 36 + 28 = 64   d) 25 + 16 = 41
   e) 43 + 18 = 61   f) 49 + 24 = 73   g) 64 + 27 = 91   h) 39 + 19 = 58

   Gib dir pro richtig gerechneter Teilaufgabe einen halben Punkt.

Auswertung zum Test: Von insgesamt 16 Punkten hast du ……… Punkte erreicht.

Super!	In Ordnung!	Bitte noch einmal üben!
16 bis 14 Punkte	13 bis 8 Punkte	Weniger als 8 Punkte

Seite 36

1. a) 21 + 57   b) 16 + 64   c) 31 + 48   d) 26 + 59
      57 + 21 = 78   64 + 16 = 80   48 + 31 = 79   59 + 26 = 85
   e) 14 + 68   f) 24 + 37
      68 + 14 = 82   37 + 24 = 61

Seite 37

2. a) 17 + 38 + 23   b) 11 + 57 + 29   c) 24 + 35 + 26
      (23 + 17) + 38 = 78   (29 + 11) + 57 = 97   (26 + 24) + 35 = 85
   d) 12 + 47 + 28   e) 4 + 18 + 36   f) 23 + 19 + 47
      (28 + 12) + 47 = 87   (36 + 4) + 18 = 58   (47 + 23) + 19 = 89

Test

1. a)

+ 26	
15	41
37	63
19	45
48	74

b)

+ 48	
16	64
39	87
42	90
27	75

c)

+ 11	
28	39
56	67
4	15
78	89

d)

+ 49	
14	63
38	87
29	78
12	61

Es gibt 2 Punkte für jede richtig ausgefüllte Tabelle.

2. a) 16 + 29 + 14 = (16 + 14) + 29 = 59
   b) 34 + 13 + 26 = (34 + 26) + 13 = 73
   c) 21 + 39 + 15 = (39 + 21) + 15 = 75
   d) 27 + 36 + 13 = (27 + 13) + 36 = 76

Auswertung zum Test: Von insgesamt 12 Punkten hast du ……… Punkte erreicht.

Super!	In Ordnung!	Bitte noch einmal üben!
12 bis 10 Punkte	9 bis 6 Punkte	Weniger als 6 Punkte

Seite 38

1. a) 9 – 4 = 5   b) 28 – 3 = 25   c) 37 – 5 = 32
   d) 48 – 3 = 45   e) 7 – 5 = 2   f) 79 – 4 = 75
   g) 19 – 4 = 15   h) 8 – 3 = 5   i) 57 – 5 = 52

Seite 39

2. a) 76 – 32   b) 58 – 24   c) 67 – 45
      32 + ? = 76   24 + ? = 58   45 + ? = 67
      32 + 8 = 40   24 + 6 = 30   45 + 5 = 50
      40 + 36 = 76   30 + 28 = 58   50 + 17 = 67
      36 + 8 = 44   28 + 6 = 34   17 + 5 = 22

Kapitel 2: Arithmetik: Addition und Subtraktion

TEST
1.

−	7	17	27	37
58	51	41	31	21
79	72	62	52	42
68	61	51	41	31
89	82	72	62	52

−	9	19	29	39
48	39	29	19	9
57	48	38	28	18
95	86	76	66	56
63	54	44	34	24

Für jedes richtige Ergebnis bekommst du einen halben Punkt (also insgesamt 16).

2. a) 70 − 27 = 43   b) 58 − 43 = 15   c) 42 − 21 = 21   d) 88 − 53 = 35
   e) 94 − 43 = 51   f) 76 − 35 = 41   g) 98 − 42 = 56   h) 69 − 58 = 11
   i) 71 − 20 = 51   j) 49 − 22 = 27

3.

100	
68	32
51	49
36	64
49	51

67	
42	25
36	31
21	46
15	52

Es gibt 2 Punkte für jede Tabelle.

Auswertung zum Test: Von insgesamt 30 Punkten hast du .... Punkte erreicht.

Super!	In Ordnung!	Bitte noch einmal üben!
30 bis 26 Punkte	25 bis 15 Punkte	Weniger als 15 Punkte

Seite 40

1. a) 32 − 5 = 27   b) 43 − 6 = 37   c) 51 − 3 = 48   d) 65 − 7 = 58
   e) 82 − 8 = 74   f) 22 − 7 = 15   g) 71 − 4 = 67   h) 94 − 9 = 85
   i) 44 − 5 = 39

2. a) 81 − 27 = 54   b) 72 − 26 = 46   c) 63 − 35 = 28   d) 54 − 45 = 9

Test   Seite 41
1. a) 46 − 9 = 37   b) 81 − 3 = 78   c) 35 − 7 = 28   d) 52 − 6 = 46
   e) 56 − 8 = 48   f) 31 − 4 = 27   g) 73 − 9 = 64   h) 62 − 5 = 57

2. 82 − 65 =   64 − 49 =   93 − 85 =   56 − 29 =
   82 − 5 = 77   64 − 9 = 55   93 − 5 = 88   56 − 9 = 47
   77 − 60 = 17   55 − 40 = 15   88 − 80 = 8   47 − 20 = 27

   86 − 37 =   73 − 26 =
   86 − 7 = 79   73 − 6 = 67
   79 − 30 = 49   67 − 20 = 47

3. a) 47 − 18 = 28 f, 29   b) 56 − 29 = 27 r   c) 92 − 65 = 27 r
   d) 72 − 46 = 25 f, 26   e) 63 − 26 = 27 f, 37 f) 85 − 56 = 11 f, 29

Auswertung zum Test: Von insgesamt 20 Punkten hast du .... Punkte erreicht.

Super!	In Ordnung!	Bitte noch einmal üben!
20 bis 17 Punkte	16 bis 10 Punkte	Weniger als 10 Punkte

173

Lösungen

Seite 42

1. a) 54 + 36 = ?
   54 + 30 = 84
   84 + 6 = 90
   b) 71 + 16 = ?
   71 + 10 = 81
   81 + 6 = 87
   c) 27 + 37 = ?
   27 + 30 = 57
   57 + 7 = 64
   d) 58 + 25 = ?
   58 + 20 = 78
   78 + 5 = 83

Seite 43

2. a) 82 − 28 = ?
   82 − 20 = 62
   62 − 8 = 54
   b) 55 − 28 = ?
   55 − 20 = 35
   35 − 8 = 27
   c) 43 − 29 = ?
   43 − 20 = 23
   23 − 9 = 14
   d) 36 − 24 = ?
   36 − 20 = 16
   16 − 4 = 12
   e) 47 − 19 = ?
   47 − 10 = 37
   37 − 9 = 28
   f) 43 − 38 = ?
   43 − 30 = 13
   13 − 8 = 5

Test
1. 36 + 36 = 72   47 + 47 = 94   33 + 33 = 66   28 + 28 = 56
2. 66 − 34 = 32   44 − 9 = 35   32 − 15 = 17   69 − 18 = 51

Auswertung zum Test: Von insgesamt 8 Punkten hast du .... Punkte erreicht.

Super!	In Ordnung!	Bitte noch einmal üben!
8 bis 7 Punkte	6 bis 4 Punkte	Weniger als 4 Punkte

Seite 44/45

1. a) 514 + 348
   500 + 300 = 800
   10 + 40 = 50
   4 + 8 = 12
   800 + 50 + 12 = 862
   b) 456 + 539
   400 + 500 = 900
   50 + 30 + 80
   6 + 9 = 15
   900 + 80 + 15 = 995
   c) 243 + 356
   200 + 300 = 500
   40 + 50 = 90
   3 + 6 = 9
   500 + 90 + 9 = 599
   d) 725 + 127 =
   700 + 100 = 800
   20 + 20 = 40
   5 + 7 = 12
   800 + 40 + 12 = 852
   e) 339 + 413
   300 + 400 = 700
   30 + 10 = 40
   9 + 3 = 12
   700 + 40 + 12 = 752
   f) 631 + 248
   600 + 200 = 800
   30 + 40 = 70
   1 + 8 = 9
   800 + 70 + 9 = 879

Seite 45

Test
1. a) 392 + 516
   392 + 500 = 892
   892 + 10 = 902
   902 + 6 = 908
   b) 435 + 847
   435 + 800 = 1235
   1235 + 40 = 1275
   1275 + 7 = 1282
   c) 342 + 929
   342 + 900 = 1242
   1242 + 20 = 1262
   1262 + 9 = 1271
   d) 936 + 748
   936 + 700 = 1636
   1636 + 40 = 1676
   676 + 8 = 1684
   e) 1712 + 529
   1712 + 500 = 2212
   2212 + 20 = 2232
   2232 + 9 = 2241
   f) 2314 + 1865
   2314 + 1800 = 4114
   4114 + 60 = 4174
   4174 + 5 = 4179

Auswertung zum Test: Von insgesamt 6 Punkten hast du .... Punkte erreicht.

Super!	In Ordnung!	Bitte noch einmal üben!
6 bis 5 Punkte	4 bis 3 Punkte	Weniger als 3 Punkte

Seite 46

1. a) 543 − 239
   543 − 200 = 343
   343 − 30 = 313
   313 − 9 = 304
   b) 911 − 823
   911 − 800 = 111
   111 − 20 = 91
   91 − 3 = 88
   c) 859 − 437
   859 − 400 = 459
   459 − 30 = 429
   429 − 7 = 422
   d) 349 − 184
   349 − 100 = 249
   249 − 80 = 169
   169 − 4 = 165
   e) 251 − 189
   251 − 100 = 151
   151 − 80 = 71
   71 − 9 = 62
   f) 542 − 288
   542 − 200 = 342
   342 − 80 = 262
   262 − 8 = 254

Kapitel 2: Arithmetik: Addition und Subtraktion

Test   Seite 47
1. a) 986 − 329 = ?   b) 725 − 536 = ?   c) 574 − 286 = ?
      986 − 300 = 686   725 − 500 = 225   574 − 200 = 374
      686 − 20 = 666   225 − 30 = 195   374 − 80 = 294
      666 −   9 = 657   195 −   6 = 189   294 −   6 = 288
   d) 835 − 496 = ?   e) 682 − 493 = ?
      835 − 400 = 435   682 − 400 = 282
      435 − 90 = 345   282 − 90 = 192
      345 −   6 = 339   192 −   3 = 189

Auswertung zum Test: Von insgesamt 5 Punkten hast du ……… Punkte erreicht.

Super!	In Ordnung!	Bitte noch einmal üben!
5 bis 4 Punkte	3 Punkte	Weniger als 3 Punkte

1. a) 991   b) 635   c) 817   d) 940   e) 791   f) 2716   Seite 48

2.   Seite 49

+ 327	
144	471
439	766
566	893
294	621

+ 243	
511	754
669	912
349	592
298	541

Test
1.

```
    4 7 6            7 2 7            5 1 6
  + 2 5 7          + 3 9 4          + 3 4 9
        1              1 2                1
    6 3 3          1 1 4 0            8 6 6
  Übertrag fehlt   Rechenfehler,    Rechenfehler
                   Übertrag falsch

    4 3 9            3 2 5            6 1 7
  + 4 4 2          + 6 4 9          + 2 3 5
    1 1                1 1                1
    9 8 1          1 0 7 4            8 5 3
  Übertrag falsch  Übertrag falsch  Rechenfehler

    4 4 8            2 3 4            8 0 1
  + 3 1 7          + 5 2 9          + 1 9 9
                         2
    7 5 5            7 7 3            9 9 0
  Übertrag fehlt   Übertrag falsch  Übertrag fehlt
```

Auswertung zum Test: Von insgesamt 9 Punkten hast du ……… Punkte erreicht.

Super!	In Ordnung!	Bitte noch einmal üben!
9 bis 8 Punkte	7 bis 5 Punkte	Weniger als 5 Punkte

Lösungen

Seite 50

1. a) 689 b) 422 c) 382 d) 459 e) 278 f) 73

Seite 51

Test
1. a) 609 b) 88 c) 206

2.

```
  8 9 4          9 7 3          6 5 3
- 7 1 6        - 4 4 9        - 3 1 8
 (1)1             2             
  1 7 8          5 1 4          3 4 5
Übertrag falsch  Übertrag fehlt Übertrag fehlt

  7 0 2          1 0 4          6 5 3
- 3 5 5        -   9 8        - 5 4 4
  1 1                          
  3 4(8)         1 1(9)         1 1 9
Rechenfehler   Rechenfehler,   Übertrag fehlt
               Übertrag fehlt

  9 0 9          3 0 1          8 3 6
- 8 0 8        - 1 9 9        - 1 2 9
 1(1)1           (2)1                1
    9 1              2          7 0(8)
Übertrag falsch Übertrag falsch Rechenfehler
```

Seite 52

1. a) 95 825 b) 54 612 c) 101 881 d) 637 690

Seite 53

2. a) 954 368 + 34 203 = 988 571 b) 683 543 + 110 473 = 794 016

Test
1. a) + 842 b) + 29 847 c) + 662 851 d) + 38 757 e) + 13 937 f) + 33 811

Auswertung zum Test: Von insgesamt 6 Punkten hast du .... Punkte erreicht.

Super!	In Ordnung!	Bitte noch einmal üben!
6 bis 5 Punkte	4 bis 3 Punkte	Weniger als 3 Punkte

Seite 54

1. a) 28 609 b) 42 855 c) 51 869 d) 38 016

Seite 55

2.
```
a)   8 3 7 4 2       b)   4 5 9 6 3 8
   - 6 9 8 3 3          - 3 2 4 3 1 9
     1 1   1                      1
     1 3 9 0 9            1 3 5 3 1 9
```

Test
1. a) Ü: 778 700 − 35 600 = 42 100   Ergebnis: 42 088
   b) Ü: 943 000 − 289 700 = 653 600   Ergebnis: 653 528

Kapitel 2: Arithmetik: Addition und Subtraktion

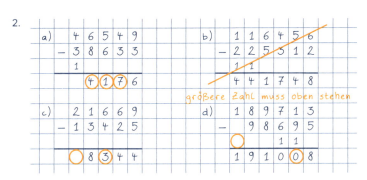

Auswertung zum Test: Von insgesamt 6 Punkten hast du .... Punkte erreicht.

Super!	In Ordnung!	Bitte noch einmal üben!
6 bis 5 Punkte	4 bis 3 Punkte	Weniger als 3 Punkte

1. a) 5000 + 56 000 ≈ 61 000   Ergebnis: 61 446   Seite 56
   b) 870 000 + 300 + 112 000 ≈ 980 000   Ergebnis: 986 191
   c) 708 000 − 27 000 ≈ 680 000   Ergebnis: 682 063
   d) 430 000 − 110 000 ≈ 320 000   Ergebnis: 317 860

2. a) Ü: 245 000 − 140 000 ≈ 105 000,   [X] ja   Ergebnis: 106 196
   b) Ü: 820 000 − 760 000 ≈ 60 000,   [X] nein   Ergebnis: 56 722
   c) Ü: 80 000 − 200 000 ≈ 100 000,   [X] ja [X] nein   Ergebnis: 99 600
   d) Ü: 50 000 − 50 000 ≈ 100 000,   [X] ja [X] nein   Ergebnis: 100 744
   Anmerkung zu c) und d): Wenn der Überschlag auf genau 100 000 führt, kann man erst nach dem Berechnen des exakten Ergebnisses sagen, ob die Summe größer als 100 000 ist. Ein Überschlag ist nur eine Schätzung!

3.

Test
1.

Antwort: Nein, sie besitzt nur noch ca. 429 000 €.

Auswertung zum Test: Von insgesamt 1 Punkt hast du .... Punkte erreicht.

Super!		Bitte noch einmal üben!
1 Punkt		0 Punkte

Lösungen

Kapitel 3: Arithmetik: Multiplikation und Division

Seite 58

1. a) 6 + 6 + 6 + 6 + 6 = 30   6·5 = 30
   b) 4 + 4 + 4 + = 12   4·3 = 12
   c) 5 + 5 + 5 + 5 + 5 + 5 + 5 + 5 + 5 + 5 = 50   5·10 = 50

Seite 59

2.

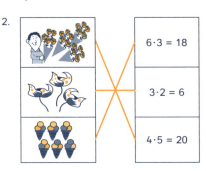

Test
1. a) 4·9 = 36   b) 5·8 = 40
   c) 5·3 = 15   d) 5·4 = 20

2. a) 7·7 = 7 + 7 + 7 + 7 + 7 + 7 + 7 = 49
   b) 6·9 = 9 + 9 + 9 + 9 + 9 + 9 = 54
   c) 8·6 = 6 + 6 + 6 + 6 + 6 + 6 + 6 + 6 = 48
   d) 4·5 = 5 + 5 + 5 + 5 = 20

Auswertung zum Test: Von insgesamt 8 Punkten hast du .... Punkte erreicht.

Super!	In Ordnung!	Bitte noch einmal üben!
8 bis 7 Punkte	6 bis 4 Punkte	Weniger als 4 Punkte

Seite 60

1. a) 5·4 = 20   b) 2·3 = 6   c) 6·3 = 18
      4·5 = 20   3·2 = 6   3·6 = 18

2. a) 18:6 = 3   b) 28:7 = 4
      3·6 = 18   7·4 = 28

Seite 61

3. 7·3 = 21   4·8 = 32   3·6 = 18
   3·7 = 21   8·4 = 32   6·3 = 18

4. 24:8 = 3   49:7 = 7   45:5 = 9
   3·8 = 24   7·7 = 49   9·5 = 45

5. 24:6 = 4, denn 4·6 = 24   30:5 = 6, denn 6·5 = 30   18:9 = 2, denn 2·9 = 18

Test
1.

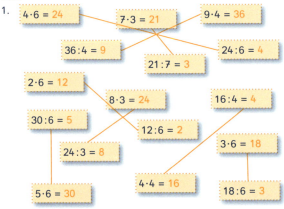

je 0,5 Punkte für die richtigen Ergebnisse (also 8) und je 1 Punkt für die richtigen Verbindungslinien

178

Kapitel 3: Arithmetik: Multiplikation und Division

Auswertung zum Test: Von insgesamt 16 Punkten hast du .... Punkte erreicht.

Super!	In Ordnung!	Bitte noch einmal üben!
16 bis 14 Punkte	13 bis 8 Punkte	Weniger als 8 Punkte

1. $21:3 = 7$ Seite 62

2. $18:6 = 3$

3.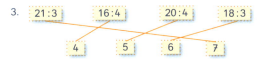

Test   Seite 63
1. $12:4 = 3$ 2. $18:6 = 3$ 3. a) $25:5 = 5$ b) $12:3 = 4$

Auswertung zum Test: Von insgesamt 4 Punkten hast du .... Punkte erreicht.

Super!	In Ordnung!	Bitte noch einmal üben!
4 bis 3 Punkte	2 Punkte	Weniger als 2 Punkte

1.   Seite 64

   1 2 3 **4** 5 6 **7** 8 **9** 10 **11** 12 **13** 14 **15**

   Beispiellösung: Mir fällt auf, dass ein Muster entsteht.

2. a) $14 + 2 = 16$ b) $11 + 3 = 14$ c) $11 + 2 = 13$ d) $12 + 1 = 13$ Seite 65
   $14 + 4 = 18$ $11 + 5 = 16$ $13 + 4 = 17$ $14 + 3 = 17$
   $14 + 6 = 20$ $11 + 7 = 18$ $15 + 4 = 19$ $10 + 5 = 15$

3. Siehe die eingefärbten Zahlen bei Nr. 2.
   gerade + gerade = gerade   ungerade + ungerade = gerade
   ungerade + gerade = ungerade   gerade + ungerade = ungerade
   Regel: (z. B.:): Wenn man eine gerade (blauen) Zahl zu einer anderen geraden (blauen) Zahl addiert, erhält man eine gerade (blaue) Zahl.
   Die Summe von zwei ungeraden (roten) Zahlen ergibt eine gerade (blaue) Zahl.
   Addiert man eine ungerade (blaue) zu einer geraden (blauen) Zahl, oder umgekehrt, so ist das Ergebnis ungerade (rot).

4. $13 + 13 = 26$ Regel: ungerade Zahl + ungerade Zahle = gerade Zahl   Seite 66
   $12 + 12 = 24$ Regel: gerade Zahl + gerade Zahl = gerade Zahl
   $13 + 12 = 25$ Regel: ungerade Zahl + gerade Zahl = ungerade Zahl
   $12 + 13 = 25$ Regel: gerade Zahl + ungerade Zahl = ungerade Zahl

5. 2, 7, 13, 19 und 23 sind Primzahlen.
   Lösungswort: DURST

6. 2, 3, 5, 7   Seite 67

7. 11, 13, 17, 19, 23, 29, 31, 37, 41, 43, 47, 53, 59, 61, 67, 71, 73, 79, 83, 89, 97

Lösungen

Test
1.

99	4	44	74	2	46	76	22	33
26	1	6	42	80	78	48	81	98
86	22	55	82	30	84	51	28	24
40	88	8	15	53	65	96	50	4
7	10	24	71	49	59	52	20	13
90	38	12	75	37	27	94	54	6
92	70	39	68	14	64	93	56	10
36	57	72	32	66	16	58	77	62
85	34	30	40	11	18	20	60	69

Du kannst dir 10 Punkte geben, wenn das Muster genau so stimmt. Für jedes falsch gefärbte oder vergessene Feld ziehst du dir einen Punkt ab.

Auswertung zum Test: Von insgesamt 10 Punkten hast du .... Punkte erreicht.

Super!	In Ordnung!	Bitte noch einmal üben!
10 bis 9 Punkte	8 bis 5 Punkte	Weniger als 5 Punkte

Seite 68

1. $31 : 5 = 6$ Rest 1   2. a) $22 : 3 = 7$ Rest 1   b) $29 : 7 = 4$ Rest 1

Seite 69

Test
1. a) $25 : 8 = 3\,R\,1$ b) $29 : 9 = 3\,R\,2$ c) $17 : = 4\,R\,1$ d) $43 : 6 = 7\,R\,1$
   e) $22 : 7 = 3\,R\,1$ f) $48 : 7 = 6\,R\,6$ g) $29 : 4 = 7\,R\,1$ h) $44 : 6 = 7\,R\,2$

2. $32 : 30 = 1\,R\,2$ Zwei Kinder müssen warten.

Auswertung zum Test: Von insgesamt 9 Punkten hast du .... Punkte erreicht.

Super!	In Ordnung!	Bitte noch einmal üben!
9 bis 8 Punkte	7 bis 5 Punkte	Weniger als 5 Punkte

Seite 70

1. $2 \cdot 2 = 4$ $5 \cdot 2 = 10$ $10 \cdot 2 = 20$ $1 \cdot 2 = 2$
   $3 \cdot 2 = 6$ $6 \cdot 2 = 12$ $9 \cdot 2 = 18$ $0 \cdot 2 = 0$
   $4 \cdot 2 = 8$ $7 \cdot 2 = 14$ $8 \cdot 2 = 16$ $2 \cdot 2 = 4$

2.

1	5	3	7	9	2	10	4	0	6	8
2	10	6	14	18	4	20	8	0	12	16

3. obere Schlange: 0, 2, 4, 6, 8, 10, 12, 14, 16, 18, 20
   untere Schlange: 20, 18, 16, 14, 12, 10, 8, 6, 4, 2, 0

Seite 71

4.

8	14	10	16	0	4	6	12	18	20	2
4	7	5	8	0	2	3	6	9	10	1

5.

1	2	3	4	5	6	7	8	9	10
11	12	13	14	15	16	17	18	19	20

6. R: $20 \cdot 2 = 40$ A: Zwanzig Kinder haben 40 Hände.

Kapitel 3: Arithmetik: Multiplikation und Division

Test
Lösung: SPITZE BIST DU
Es gibt je 1/2 Punkt für die Ergebnisse, also 6, und 2 für das Lösungswort.

Auswertung zum Test: Von insgesamt 8 Punkten hast du .... Punkte erreicht.

Super!	In Ordnung!	Bitte noch einmal üben!
8 bis 7 Punkte	6 bis 4 Punkte	Weniger als 4 Punkte

1. 1·3 = 3   5·3 = 15   10·3 = 30   5·3 = 15   Seite 72
    2·3 = 6   6·3 = 18   9·3 = 27   4·3 = 12
    3·3 = 9   7·3 = 21   8·3 = 24   0·3 = 0

2. obere Schlange: 0, 3, 6, 9, 12, 15, 18, 21, 24, 27, 30
   untere Schlange: 30, 27, 24, 21, 18, 15, 12, 9, 6, 3, 0

3. eingekreist werden: 6, 27, 21, 15, 9, 12, 30, 3, 18

Test   Seite 73
1.      2. R: 4·3 = 12
                                   A: Im Hafen sind 12 Masten zu sehen.

Auswertung zum Test: Von insgesamt 9 Punkten hast du .... Punkte erreicht.

Super!	In Ordnung!	Bitte noch einmal üben!
9 bis 8 Punkte	7 bis 5 Punkte	Weniger als 5 Punkte

1. 5·4 = 20   1·4 = 4   10·4 = 40   5·4 = 20   Seite 74
    6·4 = 24   2·4 = 8   9·4 = 36   0·4 = 0
    7·4 = 28   3·4 = 12   8·4 = 32   1·4 = 4

2. obere Schlange: 0, 4, 8, 12, 16, 20, 24, 28, 32, 36, 40
   untere Schlange: 40, 36, 32, 28, 24, 20, 16, 12, 8, 4, 0

3.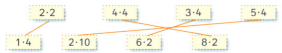

4. 2er-Reihe: 2 ④ 6 8 10 ⑫ 14 ⑯ 18 ⑳
   4er-Reihe: ④ ⑫ ⑯ ⑳ 24 28 32 36 40

181

Lösungen

Seite 75

Test

1. a) R: 5·4 = 20 (1/2 Punkt)   A: Es sind 20 Reifen. (1/2 Punkt)

   b)
Autos	3	7	2	8	5	6	4
Reifen	12	28	8	32	20	24	16
Spiegel	6	14	4	16	10	12	8

   (je 1/2 Punkt)

Auswertung zum Test: Von insgesamt 8 Punkten hast du .... Punkte erreicht.

Super!	In Ordnung!	Bitte noch einmal üben!
8 bis 7 Punkte	6 bis 4 Punkte	Weniger als 4 Punkte

Seite 76

1. 5·5 = 25   1·5 = 5   10·5 = 50   2·5 = 10
    6·5 = 30   2·5 = 10   9·5 = 45   1·5 = 5
    7·5 = 35   3·5 = 15   8·5 = 40   0·5 = 0

2. obere Schlange: 0, 5, 10, 15, 20, 25, 30, 35, 40, 45, 50
   untere Schlange: 50, 45, 40, 35, 30, 25, 20, 15, 10, 5, 0

3. eingekreist werden: 25, 5, 20, 30, 35, 50, 15

Seite 77

Test

1. 9·5 = 45   6·5 = 30   7·5 = 35
   8·5 = 40   11·5 = 55   0·5 = 0
   5·5 = 25   2·5 = 10   3·5 = 15

2. R: 5·10 = 50 (1/2 Punkt)
   A: Es werden 50 Finger auf die Rolle gezeichnet. (1/2 Punkt)

Auswertung zum Test: Von insgesamt 10 Punkten hast du .... Punkte erreicht.

Super!	In Ordnung!	Bitte noch einmal üben!
10 bis 9 Punkte	8 bis 5 Punkte	Weniger als 5 Punkte

Seite 78

1. 10·6 = 60   2·6 = 12   5·6 = 30   10·6 = 60
   9·6 = 54   3·6 = 18   6·6 = 36   5·6 = 30
   8·6 = 48   4·6 = 24   7·6 = 42   1·6 = 6

2. obere Schlange: 0, 6, 12, 18, 24, 30, 36, 42, 48, 54, 60
   untere Schlange: 60, 54, 48, 42, 36, 30, 24, 18, 12, 6, 0

3.
36	35	13	26	52	39	24	9	39	8
40	12	59	65	47	60	20	42	47	41
17	10	6	49	18	50	23	57	30	25
29	13	2	54	26	22	53	55	56	48

Kapitel 3: Arithmetik: Multiplikation und Division

Test
1.

2. R: 4·6 = 24 (1/2 Punkt)
   A: Die vier Kinder aus der Klasse 2c kaufen 24 kleine Flaschen. (1/2 Punkt)

3. gestrichen werden: 28, 16, 32, 28

Seite 79

Auswertung zum Test: Von insgesamt 13 Punkten hast du ……… Punkte erreicht.

Super!	In Ordnung!	Bitte noch einmal üben!
13 bis 11 Punkte	10 bis 7 Punkte	Weniger als 7 Punkte

1. 1·7 = 7   5·7 = 35   10·7 = 70   2·7 = 14
   2·7 = 14   6·7 = 42   9·7 = 63   4·7 = 28
   3·7 = 21   7·7 = 49   8·7 = 56   0·7 = 0

Seite 80

2. obere Schlange: 0, 7, 14, 21, 28, 35, 42, 49, 56, 63, 70
   untere Schlange: 70, 63, 56, 49, 42, 35, 28, 21, 14, 7, 0

3. durchgestrichen wird: 22

Test
1. 6·5 = 30   5·6 = 30   4·7 = 28   3·8 = 24
   5·5 = 25   4·4 = 16   2·7 = 14   8·2 = 16
   2·7 = 14   7·7 = 49   7·8 = 56   7·5 = 35

Seite 81

2.

7	8	68	69	33	49	60	16	46	45	7
9	35	48	47	34	29	59	13	15	35	44
50	10	70	12	36	27	58	57	21	43	54
62	51	11	21	22	25	61	63	17	43	37
64	65	52	20	14	23	0	36	18	39	38
70	66	67	53	19	56	30	40	41	22	63

5 Punkte, wenn alles richtig ist. Ziehe für jeden Fehler 1 Punkt ab.

3. zusammen gehören: linkes Bild und 3·7; rechtes Bild und 7·4 (je 1 Punkt)

Auswertung zum Test: Von insgesamt 19 Punkten hast du ……… Punkte erreicht.

Super!	In Ordnung!	Bitte noch einmal üben!
19 bis 16 Punkte	15 bis 10 Punkte	Weniger als 10 Punkte

183

Lösungen

Seite 82

1.
   - 2·8 = 16
   - 1·8 = 8
   - 0·8 = 0
   - 5·8 = 40
   - 6·8 = 48
   - 7·8 = 56
   - 2·8 = 16
   - 3·8 = 24
   - 4·8 = 32
   - 10·8 = 80
   - 9·8 = 72
   - 8·8 = 64

2. obere Schlange: 0, 8, 16, 24, 32, 40, 48, 56, 64, 72, 80
   untere Schlange: 80, 72, 64, 56, 48, 40, 32, 24, 16, 8, 0

3.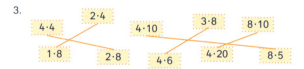

4. 72, 64, 56, 48, 40, 32   48, 40, 32, 24, 16, 8

Seite 83

Test
1. a)

1	2	3	4	5	6	7	8	9	10
11	12	13	14	15	16	17	18	19	20
21	22	23	24	25	26	27	28	29	30
31	32	33	34	35	36	37	38	39	40
41	42	43	44	45	46	47	48	49	50
51	52	53	54	55	56	57	58	59	60
61	62	63	64	65	66	67	68	69	70
71	72	73	74	75	76	77	78	79	80
81	82	83	84	85	86	87	88	89	90
91	92	93	94	95	96	97	98	99	100

Anmerkung: Wir haben hier alle betreffenden Zahlen im Hunderterraum markiert. Wenn du nur bis „ans Ende" des jeweiligen Einmaleins markiert hast, ist das jedoch nicht falsch!

b) 8, 16 (im Hunderterraum auch 24, 32, 40, 48, 56, 72, 80, 88, 96)

(10 Punkte, wenn alles stimmt, ziehe für jeden Fehler einen Punkt ab)

2. R: 6·8 = 48
   A: Es werden sich 48 Ruderer auf dem Wasser befinden.

Auswertung zum Test: Von insgesamt 12 Punkten hast du .... Punkte erreicht.

Super!	In Ordnung!	Bitte noch einmal üben!
12 bis 10 Punkte	9 bis 6 Punkte	Weniger als 6 Punkte

Seite 84

1.
   - 5·9 = 45
   - 4·9 = 36
   - 3·9 = 27
   - 0·9 = 0
   - 1·9 = 9
   - 2·9 = 18
   - 10·9 = 90
   - 9·9 = 81
   - 8·9 = 72
   - 7·9 = 63
   - 6·9 = 54
   - 5·9 = 45

2. obere Schlange: 0, 9, 18, 27, 36, 45, 54, 63, 72, 81, 90
   untere Schlange: 90, 81, 72, 63, 54, 45, 36, 27, 18, 9, 0

3. eingekreist werden muss: 27, 90, 72, 45, 18, 63

4.
   - 2·9 = 18
   - 9·9 = 81
   - 8·9 = 72
   - 3·9 = 27
   - 6·9 = 54
   - 5·9 = 45
   - 4·9 = 36
   - 7·9 = 63

   Jeweils zwei Ergebnisse der 9er-Reihe entsprechen sich durch Vertauschen der Einer- und Zehnerstelle.

Kapitel 3: Arithmetik: Multiplikation und Division

Seite 85

Test

1. a)

1	2	3	4	5	6	7	8	⑨	10
11	12	13	14	15	16	17	⑱	19	20
21	22	23	24	25	26	㉗	28	29	30
31	32	33	34	35	㊱	37	38	39	40
41	42	43	44	㊺	46	47	48	49	50
51	52	53	㊽	55	56	57	58	59	60
61	62	㊶	64	65	66	67	68	69	70
71	㊷	73	74	75	76	77	78	79	80
㊻	82	83	84	85	86	87	88	89	㊾
91	92	93	94	95	96	97	98	㊹	100

Anmerkung: Wir haben auch hier alle betreffenden Zahlen im Hunderterraum markiert. Wenn du nur bis „ans Ende" des jeweiligen Einmaleins markiert hast, ist das jedoch nicht falsch.

b) 9, 18 (36, 54, 72, 90, 99)

(10 Punkte, wenn alles stimmt, ziehe für jeden Fehler einen Punkt ab)

2. R: 9·3 = 27
   A: Ben sagt, dass sie nur 27 Kaugummis bekommen haben.

Auswertung zum Test: Von insgesamt 12 Punkten hast du .... Punkte erreicht.

Super!	In Ordnung!	Bitte noch einmal üben!
12 bis 10 Punkte	9 bis 6 Punkte	Weniger als 6 Punkte

Seite 86

1. 10·10 = 100   2·10 = 20   3.
   5·10 = 50   10·10 = 100
   5·10 = 50   3·10 = 30
   6·10 = 60   9·10 = 90
   1·10 = 10   4·10 = 40
   7·10 = 70   8·10 = 80

2. obere Schlange:
   0, 10, 20, 30, 40, 50, 60, 70, 80, 90, 100
   untere Schlange:
   100, 90, 80, 70, 60, 50, 40, 30, 20, 10, 0

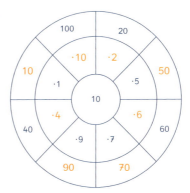

Seite 87

Test

1. 20: 4·5 und 2·10; 30: 6·5 und 3·10; 40: 8·5 und 4·10 (je 1/2 Punkt, also ges. 3)

2. R: 4·10 = 40 (1/2 Punkt)   A: Die Farben müssen für 40 Zehen reichen. (1/2 Punkt)

3.

·	3	6	9	2	7	1	8	4	5
10	30	60	90	20	70	10	80	40	50
5	15	30	45	10	35	5	40	20	25

Auswertung zum Test: Von insgesamt 21 Punkten hast du .... Punkte erreicht.

Super!	In Ordnung!	Bitte noch einmal üben!
21 bis 18 Punkte	17 bis 11 Punkte	Weniger als 11 Punkte

185

Lösungen

Seite 88/89

1. a) 3·6 = 18   b) 3·2 = 6   c) 4·7 = 28
   2·6 = 12   2·2 = 4   3·7 = 21
   4·6 = 24   4·2 = 8   5·7 = 35
   3·5 = 15   3·1 = 3   4·6 = 24
   3·7 = 21   3·3 = 9   4·8 = 32

2. a) 7·6 = 4·6 + 3·6 = 24 + 18 = 42
   b) 4·7 = 5·7 − 1·7 = 35 − 7 = 28
   c) 8·7 = 8·10 − 8·3 = 80 − 24 = 56

Seite 89

Test
1. a) 7·5 = 35   b) 9·4 = 36
      6·5 = 30   7·4 = 28
      8·5 = 40   10·4 = 40
      7·3 = 21   9·3 = 27
      7·6 = 42   9·5 = 45
      7·4 = 28   8·4 = 32

2. a) 6·9 = 5·9 + 1·9 = 45 + 9 = 54
   b) 9·5 = 10·5 − 1·5 = 50 − 5 = 45
   c) 7·9 = 5·9 + 2·9 = 45 + 18 = 63
   d) 9·8 = 10·8 − 1·8 = 80 − 8 = 72
   e) 6·7 = 5·7 + 1·7 = 35 + 7 = 42
   f) 9·4 = 10·4 − 1·4 = 40 − 4 = 36

Auswertung zum Test: Von insgesamt xx Punkten hast du .... Punkte erreicht.

Super!	In Ordnung!	Bitte noch einmal üben!
8 bis 7 Punkte	6 bis 4 Punkte	Weniger als 4 Punkte

Seite 90/91

1. a) bis c)

·	1	2	3	4	5	6	7	8	9	10
1	1·1	1·2	1·3	1·4	1·5	1·6	1·7	1·8	1·9	1·10
2	2·1	2·2	2·3	2·4	2·5	2·6	2·7	2·8	2·9	2·10
3	2·1	3·2	3·3	3·4	3·5	3·6	3·7	3·8	3·9	3·10
4	4·1	4·2	4·3	4·4	4·5	4·6	4·7	4·8	4·9	4·10
5	5·1	5·2	5·3	5·4	5·5	5·6	5·7	5·8	5·9	5·10
6	6·1	6·2	6·3	6·4	6·5	6·6	6·7	6·8	6·9	6·10
7	7·1	7·2	7·3	7·4	7·5	7·6	7·7	7·8	7·9	7·10
8	8·1	8·2	8·3	8·4	8·5	8·6	8·7	8·8	8·9	8·10
9	9·1	9·2	9·3	9·4	9·5	9·6	9·7	9·8	9·9	9·10
10	10·1	10·2	10·3	10·4	10·5	10·6	10·7	10·8	10·9	10·10

Seite 91

Test
1. a) bis d)

·	1	2	3	4	5	6	7	8	9	10
1	1	2	3	4	5	6	7	8	9	10
2	2	4	6	8	10	12	14	16	18	20
3	3	6	9	12	15	18	21	24	27	30
4	4	8	12	16	20	24	28	32	36	40
5	5	10	15	20	25	30	35	40	45	50
6	6	12	18	24	30	36	42	48	54	60
7	7	14	21	28	35	42	49	56	63	70
8	8	16	24	32	40	48	56	64	72	80
9	9	18	27	36	45	54	63	72	81	90
10	10	20	30	40	50	60	70	80	90	100

10 Punkte, wenn alles stimmt, ziehe für jeden Fehler einen Punkt ab.

Kapitel 3: Arithmetik: Multiplikation und Division

Auswertung zum Test: Von insgesamt 10 Punkten hast du .... Punkte erreicht.

Super!	In Ordnung!	Bitte noch einmal üben!
10 bis 9 Punkte	8 bis 5 Punkte	Weniger als 5 Punkte

1. a) 7·8 = 56   b) 8·5 = 40   c) 5·7 = 35   d) 2·3 = 6   Seite 92
    7·80 = 560   8·50 = 400   5·70 = 350   20·30 = 600
   e) 4·2 = 8   f) 2·6 = 12   g) 6·7 = 42   h) 3·9 = 27
    40·80 = 800   20·60 = 1200   60·70 = 4200   30·90 = 2700

2. Seite 93

   , denn 8·50 = 400
                       , denn 5·70 = 350
                       , denn 2·80 = 160
                       , denn 5·20 = 100

160:80 = 2
100:20 = 5
350:70 = 5
400:50 = 8

Test
1. a) 6·300 = 1800   b) 40·70 = 2800   c) 7·200 = 1400   d) 80·60 = 4800
   e) 5·400 = 2000   f) 70·30 = 2100   g) 50·60 = 3000   h) 9·600 = 5400

2. a) 70·40 = 2800   b) 4·60 = 240   c) 90·80 = 7200   d) 60·3 = 180

Auswertung zum Test: Von insgesamt 12 Punkten hast du .... Punkte erreicht.

Super!	In Ordnung!	Bitte noch einmal üben!
12 bis 10 Punkte	9 bis 6 Punkte	Weniger als 6 Punkte

1.   Seite 94

```
 58 · 2 = ?
 50 · 2 = 100
+ 8 · 2 =  16
 58 · 2 = 116
```

```
 62 · 4 = ?
 60 · 4 = 240
+ 2 · 4 =   8
 62 · 4 = 248
```

2. a) 28·4 = 112   b) 25·6 = 150   c) 81·3 = 243   d) 47·3 = 141   Seite 95
   e) 65·9 = 585   f) 58·4 = 232   g) 45·6 = 270   h) 18·8 = 144

3.
```
 148 : 4 = ?
 100 : 4 =  25
+ 40 : 4 =  10
+  8 : 4 =   2
 148 : 4 =  37
```

```
 633 : 3 = ?
 600 : 3 = 200
+ 30 : 3 =  10
+  3 : 3 =   1
 633 : 3 = 211
```

4. a) 751:7 = 107 R 2   b) 997:3 = 332 R 1   c) 486:4 = 121 R 2
   d) 633:6 = 105 R 3   e) 525:4 = 131 R 1   f) 983:6 = 163 R 5

5. R: 1000:4 = 250   A: Freien Eintritt haben 250 Personen.   Seite 96

6. R: 435:5 = 87   A: Vor der Garderobe stehen nur 87 Personen.

7. R: 567:3 = 189   A: In jeder Schlange stehen 189 Personen.

Test   Seite 97
1.
```
 7 · 75 = ?
 7 · 70 = 490
+7 ·  5 =  35
 7 · 75 = 525
```

```
 6 · 44 = ?
 6 · 40 = 240
+6 ·  4 =  24
 6 · 44 = 264
```

187

Lösungen

2. a) 8·24 = 160 + 32 = 192
   b) 3·77 = 210 + 21 = 231
   c) 5·47 = 200 + 35 = 235
   d) 5·81 = 400 + 5 = 405

3. a) 6:2 = 3
   b) 24:8 = 3
   c) 56:8 = 7
   d) 60:2 = 30
   e) 240:8 = 30
   f) 560:8 = 70

4.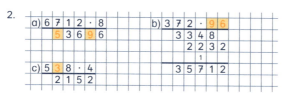

Auswertung zum Test: Von insgesamt 12 Punkten hast du .... Punkte erreicht.

Super!	In Ordnung!	Bitte noch einmal üben!
12 bis 10 Punkte	9 bis 6 Punkte	Weniger als 6 Punkte

Seite 98

1. a) Ü: 3600·40 = 144 000   Ergebnis: 140 556
   b) Ü: 5000·50 = 250 000   Ergebnis: 231 264
   c) Ü: 3500·60 = 210 000   Ergebnis: 220 038

Seite 99

2. a) 6712·8 = 53696
   b) 372·96 = 3348 / 2232 / 35712
   c) 538·4 = 2152

3. a) 500·20 = 10 000   b) 300·30 = 9000   c) 110·5 = 550
      1000·40 = 40 000   600·60 = 36 000   220·10 = 2200
   Bei den zugehörigen Aufgaben wurden beide Faktoren verdoppelt, sodass sich das Ergebnis vervierfacht hat.

Test
1. a) richtig   b) falsch, 439 375   c) falsch, 289 421   d) falsch, 234 324

2. Rechnung: 182·34 km = 6188
   Antwort: Lena und Ben haben dabei insgesamt 6188 km zurückgelegt.

Auswertung zum Test: Von insgesamt 5 Punkten hast du .... Punkte erreicht.

Super!	In Ordnung!	Bitte noch einmal üben!
5 bis 4 Punkte	3 Punkte	Weniger als 3 Punkte

Seite 100/101

1. a) 303 624:6 = 50 604   b) 15 990:3 = 5330
   c) 19 550:5 = 3910   d) 27 993:3 = 9331

Seite 101

Test
1. a) 468:2 = 234   b) 960:8 = 120   c) 984:3 = 328
   468:4 = 117   960:4 = 240   984:4 = 246
   468:6 = 78   960:2 = 480   984:2 = 492

Auswertung zum Test: Von insgesamt 9 Punkten hast du .... Punkte erreicht.

Super!	In Ordnung!	Bitte noch einmal üben!
9 bis 8 Punkte	7 bis 5 Punkte	Weniger als 5 Punkte

Kapitel 3: Arithmetik: Multiplikation und Division

1. a) 4635 : 6 = 772 R 3   b) 2764 : 5 = 552 R 4

Seite 102

Test
1.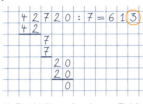

42720 : 7 = 6102 R 6

(1 Punkt für gefundenen Fehler, 1 Punkt für Korrektur)

Seite 103

2. 423 : 2 = 211 R1 | R
   629 : 6 = 104 R5 | E
   524 : 5 = 104 R4 | G
   350 : 3 = 116 R2 | A
   119 : 4 = 29 R3 | N
   422 : 2 = 211 R0 | O

Lösungswort: ORANGE

(6 Punkte + 1 für das Lösungswort)

Auswertung zum Test: Von insgesamt 9 Punkten hast du ……… Punkte erreicht.

Super!	In Ordnung!	Bitte noch einmal üben!
9 bis 8 Punkte	7 bis 5 Punkte	Weniger als 5 Punkte

1.
	:10	:5	:2	:4	:8	:3	:6	:9
4800	ja	ja	ja	ja	ja	ja	ja	nein
65301	nein	nein	nein	nein	nein	ja	nein	nein
32121	nein	nein	nein	nein	nein	ja	nein	ja
52445	nein	ja	nein	nein	nein	nein	nein	nein
63000	ja	ja	ja	ja	ja	ja	ja	ja
98765	nein	nein	nein	nein	nein	nein	nein	nein
27824	nein	nein	ja	ja	ja	nein	nein	nein

Seite 104

Test
1.
Die Quersumme ist durch 9 teilbar.	:4
Die letzten beiden Ziffern der Zahl sind durch 4 teilbar.	:3
In der Endstelle steht eine 0.	:2
Die Quersumme ist durch 3 teilbar.	:9
Die Endstelle ist gerade.	:10

Seite 105

2. a) Falsch, die Endstelle kann 5 oder 0 sein.
   b) Falsch, die Quersumme muss 9 ergeben.
   c) Richtig.

Auswertung zum Test: Von insgesamt 8 Punkten hast du ……… Punkte erreicht.

Super!	In Ordnung!	Bitte noch einmal üben!
8 bis 7 Punkte	6 bis 4 Punkte	Weniger als 4 Punkte

Lösungen

Kapitel 4: Größen

Seite 106

1. a) 38 € + 46 € = 84 € b) 83 € + 24 ct = 83,24 € c) 46 € – 8 € = 38 €
   d) 98 ct – 43 ct = 55 ct e) 102 ct – 84 ct = 18 ct f) 4 € · 5 = 20 €
   g) 30 € : 6 = 5 € h) 81 € : 9 = 9 € i) 42 € : 7 = 6 €
   j) 7 € · 8 = 56 €

2. a) 7,19 € = 719 ct b) 6,93 € = 693 ct c) 0,74 € = 74 ct
   d) 1,19 € = 119 ct e) 425 ct = 4,25 € f) 916 ct = 9,16 €
   g) 54 ct = 0,54 € h) 321 ct = 3,21 €

Seite 107

3. b) 116,35 € > 58,21 € > 13,24 € c) 914,85 € > 18,76 € > 17,34 €
   d) 13,24 € < 58,67 € > 56,37 € e) 832,47 € < 956,23 € > 413,20 €
   f) 714,38 € < 714,39 € > 714,37 € g) 0,61 € > 0,59 € < 0,63 €
   h) 116,82 € < 320,36 € > 111,17 € i) 4,34 € < 13,63 € < 125,72 €
   j) 902,11 € < 912,11 € > 902,12 €

Test
1. a) 1073 ct = 10,73 € b) 43,45 € = 4345 ct c) 502 ct = 5,02 €
   d) 91,01 € = 9101 ct e) 92013 ct = 920,13 € f) 103,23 € = 10323 ct

2. 18 ct, 55 ct, 107 ct, 5 €, 6 €, 9 €, 20 €, 38 €, 56 €, 84 € (5 Punkte)

Auswertung zum Test: Von insgesamt 11 Punkten hast du .... Punkte erreicht.

Super!	In Ordnung!	Bitte noch einmal üben!
11 bis 9 Punkte	8 bis 6 Punkte	Weniger als 6 Punkte

Seite 108

1. a) 54,64 € b) 28,21 € c) 855,93 € d) 315,57 €

Seite 108/109

2. a) 613,05 € b) 8,89 € c) 165,75 € d) 602,97 €

Seite 109

Test
1. a) 592,71 € b) 906,16 €

2. Hannah: 46,00 € – 22,73 € = 23,27 €   Lena: 46,00 € – 35,45 € = 10,55 €
   Hannah muss noch 23,27 € sparen und Lena noch 10,55 €. (3 Punkte)

Auswertung zum Test: Von insgesamt 5 Punkten hast du .... Punkte erreicht.

Super!	In Ordnung!	Bitte noch einmal üben!
5 bis 4 Punkte	3 Punkte	Weniger als 3 Punkte

Seite 110

1. a) Ü: 170 € · 4 = 680 € b) Ü: 70 € · 9 = 630 €
   Ergebnis: 679,40 € Ergebnis: 639,18 €
   c) Ü: 500 € · 5 = 2500 € d) Ü: 20 € · 5 = 100 €
   Ergebnis: 2480,05 € Ergebnis: 119,75 €

2. a) Ü: 320 € : 4 = 80 € b) Ü: 70 € : 9 = 7 € R 7
   324,48 € : 4 = 81,12 € 69,81 € : 9 = 7,75 € R 6
   c) Ü: 450 : 2 = 225 € d) Ü: 220 € : 4 = 55 €
   447,26 € : 2 = 223,63 € 221,00 € : 4 = 55,25 €
   e) Ü: 560 € : 8 = 70 €
   560,48 € : 8 = 70,06 €

Kapitel 4: Größen

3. [x] 800 : 4 ≈ 200   [ ] 600 : 6 ≈ 100   [ ] 900 : 5 ≈ 150

Test *Seite 111*

1. a) Ü: 200 € · 5 = 1000   b) Ü: 10 € · 10 = 100
      223,41 € · 5 = 1117,05 €   13,69 € · 9 = 123,21 €

2. a) Ü: 500 € : 5 = 100   b) Ü: 1000 € : 10 = 100
      530,65 € : 5 = 106,13 €   972,99 € : 9 = 108,11 €

Auswertung zum Test: Von insgesamt 4 Punkten hast du .... Punkte erreicht.

Super!	In Ordnung!	Bitte noch einmal üben!
4 bis 3 Punkte	2 Punkte	Weniger als 2 Punkte

1. individuelle Lösung, zum Beispiel: *Seite 112*

Gegenstand	geschätzt	gemessen
Federmappe	25 cm	20 cm
Radiergummi	5 cm	4 cm
Bleistift	20 cm	19 cm

2. a) 3 m = 300 cm = 3000 mm   b) 10 cm = 0,1 m = 100 mm   c) 40 mm = 4 cm = 0,04 m

3. a) 500 cm = 5 m   b) 7,12 m < 9 m   c) 9 cm < 9,1 cm   d) 6,48 m < 7,12 m   *Seite 113*

4. a) 9 cm + 6 m + 3 mm = 9 cm + 600 cm + 0,3 cm = 609,3 cm
   b) 29 cm + 5,6 m + 30 mm = 29 cm + 560 cm + 3 cm = 592 cm
   c) 48 cm − 36 cm = 12 cm
   d) 61 cm − 480 mm = 61 cm − 48 cm = 13 cm

Test
1.

m	dm	cm	mm
5	50	500	5000
60	600	6000	60 000
2	20	200	2000

Auswertung zum Test: Von insgesamt 6 Punkten hast du .... Punkte erreicht.

Super!	In Ordnung!	Bitte noch einmal üben!
6 bis 5 Punkte	4 bis 3 Punkte	Weniger als 3 Punkte

1. a) 4460,72   b) 133,1 m   c) 4504,33 m   d) 3471,9 m   *Seite 114*

2. 2835,23 m   3. 305,47 m   *Seite 115*

Test
1. a) 2962,13 m   b) 678,16 m   (je 3 Punkte)

Auswertung zum Test: Von insgesamt 6 Punkten hast du .... Punkte erreicht.

Super!	In Ordnung!	Bitte noch einmal üben!
6 bis 5 Punkte	4 bis 3 Punkte	Weniger als 3 Punkte

Lösungen

Seite 116

1. a) 55,42 cm · 11   Ü: 6000 cm · 10 ≈ 60 000 cm   R: 55,42 cm · 11 = 609,62 m
   b) 16,9 cm · 15   Ü: 200 cm · 20 ≈ 4000 cm   R: 16,9 cm · 15 = 253,5 m
   c) 32,19 cm · 12   Ü: 3000 cm · 10 ≈ 30 000 cm   R: 32,19 cm · 12 = 386,28 m
   d) 61,68 m · 16   Ü: 60 m · 20 ≈ 1200 m   R: 61,68 m · 16 = 986,88 m

2. Brett von Opa: 200 cm lang, 5 cm hoch

   Überlegung: 5 cm · 4 = 20 cm
   benötigt für Deckel: 4-mal Bretter, 40 cm lang, 5 cm hoch

   Rechnung: 40 cm · 4 = 1,60 cm
   Antwort: Opas Holzlatte reicht aus; es ist sogar noch ein Brett von 40 cm übrig.

Seite 117

Test
1. a) Ü: 6 m · 8 ≈ 48 m   b) Ü: 20 m · 7 ≈ 140 m
      6 m 31 cm · 8 = 6,31 m · 8 = 50,48 m   16,38 m · 7 = 114,66 m
   c) Ü: 10 m · 9 ≈ 90 m   d) Ü: 20 m · 5 ≈ 100 m
      13 m 11 cm · 9 = 13,11 m · 9 = 117,99 m 15,32 m · 5 = 76,60 m

Auswertung zum Test: Von insgesamt 8 Punkten hast du .... Punkte erreicht.

Super!	In Ordnung!	Bitte noch einmal üben!
8 bis 7 Punkte	6 bis 4 Punkte	Weniger als 4 Punkte

Seite 118

1. 3:00 oder 15:00 Uhr

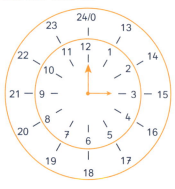

2. a)

■ s	■ min ■ s
180 s	3 min 0 s
260 s	4 min 20 s
172 s	2 min 52 s
316 s	5 min 16 s

b)

■ min	■ h ■ min
200 min	3 h 20 min
310 min	5 h 10 min
196 min	3 h 16 min
230 min	3 h 50 min

Seite 119

3.

8:30 Uhr	0:45 Uhr
14:15 Uhr	4:15 Uhr
11:30 Uhr	20:30 Uhr
16:15 Uhr	23:30 Uhr
18:45 Uhr	6:45 Uhr
12:45 Uhr	2:15 Uhr

Kapitel 4: Größen

Test

1. a) 3h 13min = 193min   b) 6h 2min = 362min   c) 1h 53min = 113min
   d) 10h 59min = 659min   e) 5h 11min = 311min   f) 8h 41min = 521min

2. a) 6min 13s = 373s   b) 1h 10min 6s = 3666s   c) 14min 5s = 845s
   d) 2h 43s = 7243s   e) 58min 36s = 3516s   f) 4h 53min 14s = 17594s

Auswertung zum Test: Von insgesamt 12 Punkten hast du ……… Punkte erreicht.

Super!	In Ordnung!	Bitte noch einmal üben!
12 bis 10 Punkte	9 bis 6 Punkte	Weniger als 6 Punkte

Seite 120

1. a) 30min   b) 15min   c) 26min
   d) 47min   e) 57min   f) 39min

2. a) 8:00 Uhr + 4h 15min
   1. 8:00 Uhr + 4h = 12:00 Uhr
   2. 12:00 Uhr + 15min = 12:15 Uhr

   b) 10:00 Uhr + 5h 45min
   1. 10:00 Uhr + 2h = 12:00 Uhr
   2. 12:00 Uhr + 3h = 15:00 Uhr
   3. 15:00 Uhr + 45min = 15:45 Uhr

   c) 16:00 Uhr + 3h 30min
   1. 16:00 Uhr + 2h = 18 Uhr
   2. 18:00 Uhr + 1h = 19 Uhr
   3. 19:00 Uhr + 30min = 19:30 Uhr

   d) 23:00 Uhr + 2h 40min
   1. 23:00 Uhr + 1h = 24(0):00 Uhr
   2. 00:00 Uhr + 1h = 1:00 Uhr
   3. 1:00 Uhr + 40min = 1:40 Uhr

Test   **Seite 121**

1. Wissen: Start ⇒ 15.30 Uhr; Dauer ⇒ 2h 30min; Ende ?
   Rechnen: 15:30 Uhr + 2h = 17:30 Uhr
   17:30 Uhr + 30min = 18:00 Uhr
   15:30 Uhr + 2h 30min = 18:00 Uhr (2 Punkte)
   Antwort: Das Schulfest ist um 18:00 Uhr zu Ende. (1 Punkt)

2. Wissen: Ziel ⇒ 18:45 Uhr; Dauer ⇒ 31min; Start ?
   Rechnen: 18:45 Uhr − 31min
   45min − 31min = 14min
   18:00 Uhr + 14min = 18:14 Uhr (2 Punkte)
   Antwort: Tim muss das Haus um 18:14 Uhr verlassen um seinen Freund Robin pünktlich treffen zu können. (1 Punkt)

3. Wissen: Pausenzeiten: 9:45 Uhr bis 10:10 Uhr; 11:45 Uhr bis 12:05 Uhr;
   Eine Schulwoche = 5 Tage (1 Punkt)
   Rechnen:
   1. 9:45 Uhr bis 10:00 Uhr = 15min   1. 11.45 Uhr bis 12:00 Uhr = 15min
   2. 10:00 Uhr bis 10:10 Uhr = 10min   2. 12:00 Uhr bis 12:05 Uhr = 5min
   3. 15min + 10min = 25min (1 Punkt)   3. 15min + 5min = 20min (1 Punkt)
   25min + 20min = 45min
   45min·5 = 225min (1 Punkt)
   225min : 60 = 3h 45min (1 Punkt)
   Antwort: Katja hat in einer Woche insgesamt 3h 45min Pause. (1 Punkt)

Auswertung zum Test: Von insgesamt 12 Punkten hast du ……… Punkte erreicht.

Super!	In Ordnung!	Bitte noch einmal üben!
12 bis 10 Punkte	9 bis 6 Punkte	Weniger als 6 Punkte

193

Lösungen

Seite 122

1. 0,036 kg < 1,253 kg < 2,059 kg < 3,421 kg

1 kg	100 g	10 g	1 g
	9	3	6
1	2	5	3
2	0	5	9
3	4	2	1

2. a) 329 g = 0,329 kg b) 2,5 t = 2500 kg c) 1,234 t = 1234 kg
   d) 6453 g = 6,453 kg e) 1,2 kg = 1200 g f) 13,250 kg = 13250 g
   g) 2,3 t = 2 300 000 g h) 0,056 kg = 56 g

Seite 123

3. a) 830 g < 14 000 g b) 1,347 kg < 137 kg
   c) 2 g < 33 g d) 2,248 kg = 2,248 kg

4. 25 g, 115 g, 249 g, 3 kg 219 g, 3,291 kg, 8 kg 315 g

1 kg	100 g	10 g	1 g
8	3	1	5
3	2	9	1
3	2	1	9
	2	4	9
	1	1	5
		2	5

5.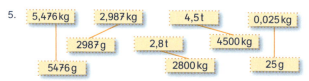

Seite 124

6. Bei den Überschlagsrechnungen und Rechenwegen (mit oder ohne Komma) sind individuelle Lösungen möglich.
   a) 4,964 kg b) 22,724 g c) 822 kg
   d) 328,468 kg e) 235 kg

Seite 125

7. Sie haben insgesamt 6,898 kg Äpfel gepresst.

Seite 126

8. Frage: (zum Beispiel) Kann Miriam alles einpacken?
   Rechnen:
   1 kg + 2,5 kg + 3 kg + 9 kg + 0,5 kg + 0,5 kg + 0,25 kg + 2,8 kg + 0,750 kg + 1,5 kg + 0,700 kg = 22,5 kg
   Antwort: (zum Beispiel) Miriam überschreitet das zulässige Gewicht um 2,5 kg, sie kann nicht alles mitnehmen.

Kapitel 4: Größen

Seite 127

Test
1. a) 815 g + 185 g = 1 kg b) 35 g + 965 g = 1 kg c) 670 g + 330 g = 1 kg
   d) 14 g + 986 g = 1 kg e) 3 g + 997 g = 1 kg f) 396 g + 604 g = 1 kg

2. b) 64,4 kg = 64 kg 400 g   c) 13,5 kg = 13 kg 500 g
   d) 204,15 kg = 204 kg 150 g   e) 0,7 kg = 700 g
   f) 500 000 kg = 500 000 kg

3. linke Seite: 10 kg; 10 kg
   rechte Seite: 500 g; 10 kg; 1 kg; 250 kg; 5 kg; 1 kg; 250 g; 1 kg; 1 kg (5 Punkte)

Auswertung zum Test: Von insgesamt 16 Punkten hast du ……… Punkte erreicht.

Super!	In Ordnung!	Bitte noch einmal üben!
16 bis 14 Punkte	13 bis 8 Punkte	Weniger als 8 Punkte

Seite 128

1. a) $\frac{1}{2}$ l > 490 ml b) 745 l > $\frac{3}{4}$ l c) $\frac{1}{4}$ l = 250 ml
   d) $2\frac{1}{2}$ l > 450 ml e) $\frac{1}{8}$ l 300 ml > 420 ml f) 20 000 ml > $1\frac{1}{2}$ l

2. a) 3 l 425 ml = 3,425 l   b) 11 l 592 ml = 11,592 l
   c) 212 l 619 ml = 212,619 l   d) 335 ml = 0,335 l

3.

Zahl	l	ml	Kommaschreibweise
30 426 ml	30	426	30,426 l
842 ml	0	842	0,842 l
6 l	6	200	6,000 l
250 ml	0	250	0,250 l

Seite 129

4. a) 750 ml · 21 = 15 750 ml = 15,75 l; 250 ml · 21 = 5250 ml = 5,25 l
   Es werden 15,75 l Wasser und 5,25 l Apfelsaft getrunken.
   b) 15,75 l + 5,25 l = 21 l oder: 750 ml + 250 ml = 1000 ml = 1 l; 1 l · 21 = 21 l
   Es werden insgesamt 21 l Flüssigkeit getrunken.

Test
1. a) 1 l 350 ml = 1350 ml   b) $\frac{2}{8}$ l = 250 ml
   c) $2\frac{3}{4}$ l = 2750 ml d) $2\frac{1}{8}$ l = 2125 ml

2. 2 ml; 65 ml; 345 ml; $1\frac{1}{2}$ l; 1,643 l; 2 l 10 ml; 11,492 l; $12\frac{1}{2}$ l (4 Punkte)

3. Rechnung: 12 − 2 = 10; 750 ml · 10 = 7500 ml (1 Punkt)
   Antwort: Es bleiben noch $7\frac{1}{2}$ l Wasser übrig. (1 Punkt)

Auswertung zum Test: Von insgesamt 10 Punkten hast du ……… Punkte erreicht.

Super!	In Ordnung!	Bitte noch einmal üben!
10 bis 9 Punkte	8 bis 5 Punkte	Weniger als 5 Punkte

Kapitel 5: Muster und Strukturen

Seite 130

1. markiert werden folgende Angaben:
 3,50 €, 4,80 €, 8,35 €, 10 €, 5 €, Geld gemeinsam zu teilen
 Wissen: Tom, Ben und Tim
 3,50 € + 4,80 € + 8,35 € + 10 € + 5 € = 31,65 € : 3 = 10,55 €
 Jeder kann 10,55 € ausgeben.

Seite 131

2. markiert werden folgende Angaben: 450 km, 635 km, 395 km, 590 km, 175 km
 Wissen: 450 km + 635 km + 395 km + 590 km + 175 km
 Frage: Wie viele Kilometer haben sie zurückgelegt?
 Plan: Die Summe aller zurückgelegten Kilometer bilden.
 Rechnen: 2245 km
 Antwort: Sie haben insgesamt 2245 km zurückgelegt.

Seite 132

3. Frage 2 wird markiert.

4. markiert werden folgende Angaben:
 320 t, 1630 Kisten, je 25 kg, 5500 Kisten, je 40 kg, 1500 Kisten, je 30 kg
 Wissen: 320 t – Gesamtgewicht der Kisten
 Frage: Wie viel Ladung kann das Schiff noch aufnehmen?
 Plan: (1630 · 25 kg) + (5500 · 40 kg) + (1500 · 30 kg) = ?
 320 t – ?
 Rechnung:
 1630 · 25 kg = 40 750 kg, 5500 · 40 kg = 220 000 kg, 1500 · 30 kg = 45 000 kg
 40 750 kg
 + 220 000 kg
 + 45 000 kg
 305 750 kg = 305 t 750 kg
 320 t – 305,750 t = 14,250 t   Antwort: Das Schiff kann noch 14,250 t laden.

5. markiert werden folgende Angaben:
 eine Woche, zwei Tage, Pro Tag, 83 €, tägliche, 2,50 €
 Wissen: 9 Tage; pro Tag 83 € + 2,50 €
 Frage: Wie viel muss Familie Lauterbach für die Ferienwohnung bezahlen?
 Plan: Kosten pro Tag · 9
 Rechnung: 85,50 € · 9 = 769,50 €
 Antwort: Familie Lauterbach muss für die Ferienwohnung 769,50 € bezahlen.

Seite 133

Test
1.

Jonas ist ...	49 · 7 = 346 km
Pia läuft ...	3 h 23 min ...
Familie Treter ...	45 min + 17 min ...
Jan fährt ..	21:15 Uhr bis 24:00
Anton kann ..	36 s < 73 s < 75 s
Mara ...	7:19 Uhr bis 8:00

Auswertung zum Test: Von insgesamt 6 Punkten hast du .... Punkte erreicht.

Super!	In Ordnung!	Bitte noch einmal üben!
6 bis 5 Punkte	4 bis 3 Punkte	Weniger als 3 Punkte

Kapitel 5: Muster und Strukturen

Seite 134

1.
Menge	125 g	250 g	500 g	1 kg (= 1000 g)
Preis	1,50 €	3,00 €	6,00 €	12,00 €

2.
Anzahl Eier	1	3	8	9
Preis in ct	20	60	160	180

Seite 135

3.
Anzahl	2	5	7	10
Preis	3,60 €	9,00 €	12,80 €	18,00 €

Richtig wäre hier: 12,80 €
Tipp: Rechne zunächst aus, was 1 Stück kostet (1,80 €) und multipliziere dann jeweils mit der Zahl der ersten Zeile.

4.
Sammelbilder	1	2	3	6	9	11
Preis	0,35 €	0,70 €	1,05 €	2,10 €	3,15 €	3,85 €

Test
1.
Menge	125 g	250 g	500 g	1 kg
Preis	0,75 €	1,50 €	3,00 €	7,50 €

Richtig wäre hier: 6,00 €
Tipp: Da sich die Menge immer verdoppelt, verdoppelt sich auch der Preis.

2.
Strauß	Tobi	Emma
1	3	2
4,50 €	13,50 €	9,00 €

Tulpen	Inga	Mara
1	3	5
0,50 €	1,50 €	2,50 €

Auswertung zum Test: Von insgesamt 12 Punkten hast du .... Punkte erreicht.

Super!	In Ordnung!	Bitte noch einmal üben!
12 bis 10 Punkte	9 bis 6 Punkte	Weniger als 6 Punkte

Seite 136

1.
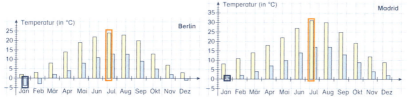

a) Tageshöchsttemperatur in Berlin: Juli, 24°, Madrid: Juli, 31°
b) niedrigste Nachttemperatur in Berlin: Januar, minus 4°, Madrid: Januar, 1°

Seite 137

2. a) Richtig, die Temperaturen in Madrid sind immer höher als in Berlin.
   b) Falsch, im Juli ist die durchschnittliche Tagestemperatur in Berlin 24 °C, in Madrid hingegen 31 °C.
   c) Falsch, in Berlin hat es minus 4 °C; in Madrid 1 °C.
   d) Falsch, die Grafik zeigt für Berlin maximal 24 Grad an.
   e) Falsch, man sieht keine negativen Werte in Madrid.

Für Experten: Nachdem es sich bei den Werten in der Grafik um Durchschnittstemperaturen handelt, kann es jedoch sehr wohl sein, dass Antworten b), c), d) und e) an manchen Tagen doch richtig sind.

Lösungen

Test
1.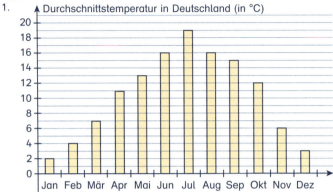

Prüfe genau, ob du richtig gerundet hast!

Auswertung zum Test: Von insgesamt 12 Punkten hast du .... Punkte erreicht.

Super!	In Ordnung!	Bitte noch einmal üben!
12 bis 10 Punkte	9 bis 6 Punkte	Weniger als 6 Punkte

Seite 138

1. a) 8, 12, 16, 20, 24, 28, 32, 36, 40   Regel: +4
   b) 13, 16, 19, 22, 25, 28, 31, 34, 37, 40   Regel: +3
   c) 6, 15, 24, 33, 42, 51, 60, 69, 78   Regel: +9
   d) 8, 14, 20, 26, 32, 38, 44, 50, 56   Regel: +6

2. a) 70, 65, 55, 50, 40, 35, 25, 20   Regel: −5; −10
   b) 52, 49, 46, 43, 40, 37, 34, 31, 28   Regel: −3
   c) 250, 225, 200, 175, 150, 125, 100   Regel: −25
   d) 500, 425, 350, 275, 200, 125, 50   Regel: −75

3. a) 2, 4, 3, 5, 4, 6, 5, 7, 6, 8, 7, 9, 8, 10   Regel: +2; −1
   b) 3, 7, 8, 12, 13, 17, 18, 22, 23, 27, 28   Regel: +4; +1
   c) 23, 21, 19, 17, 15, 13, 11, 9, 7, 5, 3, 1   Regel: −2

Seite 139

4. a) 11, 24, 37, 50, 63, 76   b) 8, 6, 10, 8, 12, 10, 14, 12, 16
   c) 4, 2, 8, 4, 16, 8, 32, 16, 64   d) 98, 83, 101, 86, 104, 89

5.
13 + 19	57 + 15
24 + 18	68 + 14
35 + 17	79 + 13
46 + 16	90 + 12

Regel: +11; −1

6.
96 − 8	69 − 20
87 − 12	60 − 24
78 − 16	51 − 28

Regel: −9; +4

Seite 140

7.
			333			
		173		160		
	101		72		88	
	58		43		29		59
32		26		17		12		47
21	11		15		2		10		37

Kapitel 5: Muster und Strukturen

8. a) 5, 25, 125, 625, 3125 Regel: ·5
    b) 2, 4, 12, 24, 72, 144, 432, 864 Regel: ·2; ·3
    c) 7, 14, 28, 56, 112, 224, 448, 896 Regel: ·2

9. a) 1088, 544, 272, 136, 68, 34, 17
    b) 1000, 875, 750, 625, 500, 375
    c) 500, 100, 200, 40, 80, 16, 32

10.
4·90	7·60
5·80	8·50
6·70	9·40

Regel: +1; −10

11.
320	260	320
300	300	300
280	340	280

Zauberzahl: 900

12. a) Zauberzahl: 34
    b)
15	10	3	6
4	5	16	9
14	11	2	7
1	8	13	12

Zauberzahl: 34

Test

1. DU BIST TOLL!

2. a) 420, 210, 220, 110, 120, 60, 70, 35 Regel: :2; +10
    b) 29613, 29113, 28613, 28113, 27613, 27113 Regel: −500
    c) 36, 40, 38, 42, 40, 44, 42, 46 Regel: +4; −2
    (Je 2 Punkte für die Regel und 2 Punkte für die richtigen Folgezahlen, insg. 12)

3.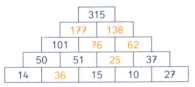

(Je 1 Punkt, insg. 6)

4.
3	5	7	1	9	6	8	2	4
6	9	8	2	5	4	7	1	3
1	4	2	8	3	7	5	9	6
2	3	5	7	8	9	6	4	1
7	6	4	3	1	2	9	8	5
9	8	1	4	6	5	2	3	7
4	7	6	9	2	1	3	5	8
8	1	9	5	7	3	4	6	2
5	2	3	6	4	8	1	7	9

(Je 2 Punkte für jedes Neunerfeld, insg. 18)

Auswertung zum Test: Von insgesamt 36 Punkten hast du .... Punkte erreicht.

Super!	In Ordnung!	Bitte noch einmal üben!
36 bis 31 Punkte	30 bis 18 Punkte	Weniger als 18 Punkte

Kapitel 6: Geometrie

Seite 145

1.

Test

1. beispielhafte Lösung (dein Ergebnis kann auch anders aussehen)
(je Teilaufgabe 2 Punkte)

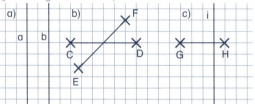

Auswertung zum Test: Von insgesamt 6 Punkten hast du .... Punkte erreicht.

Super!	In Ordnung!	Bitte noch einmal üben!
6 bis 5 Punkte	4 bis 3 Punkte	Weniger als 3 Punkte

Seite 146/147

1. a)   b)   c)   d)

Seite 147

Test

1.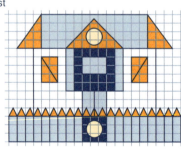

2. Ich bin ein Kreis.
2 Punkte

insgesamt 6 Punkte, ziehe für jeden Fehler 1 Punkt ab.

Auswertung zum Test: Von insgesamt 8 Punkten hast du .... Punkte erreicht.

Super!	In Ordnung!	Bitte noch einmal üben!
8 bis 7 Punkte	6 bis 4 Punkte	Weniger als 4 Punkte

Kapitel 6: Geometrie

Seite 148

1. Beispielhafte Lösung. Das Rechteck ist eindeutig, deine Parallelogramme können auch anders aussehen. Wichtig ist, dass die Seitenlängen stimmen und dass gegenüberliegende Seiten parallel sind.

2. Die Vierecke a), b), c) und d) sind Parallelogramme. e) ist ein Quadrat, aber auch ein Quadrat ist ein Parallelogramm.

3. a), b), c) und d) sind Parallelogramme.

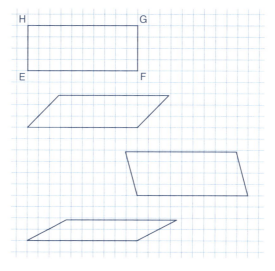

Seite 149

Test

1. Es entstehen vier kleine, 4 mittlere und ein großes Parallelogramm, also insgesamt 9.
(6 Punkte für die Zeichnung, 2 Punkte für die richtige Anzahl der Parallelogramme)

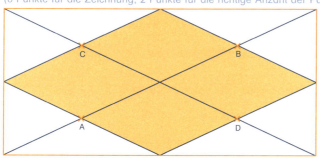

Auswertung zum Test: Von insgesamt 8 Punkten hast du .... Punkte erreicht.

Super!	In Ordnung!	Bitte noch einmal üben!
9 bis 8 Punkte	7 bis 5 Punkte	Weniger als 5 Punkte

1.

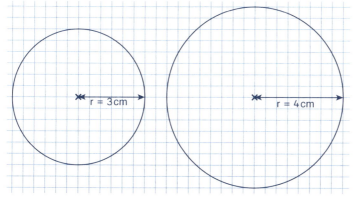

Seite 150

2. Alle Durchmesser haben dieselbe Länge (3,5 cm).

Seite 151

201

Lösungen

Test
1. 1. Durchmesser: 4 cm,
   2. Durchmesser: 6 cm,
   3. Durchmesser: 8 cm.

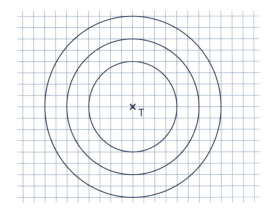

Auswertung zum Test: Von insgesamt 6 Punkten hast du ...... Punkte erreicht.

Super!	In Ordnung!	Bitte noch einmal üben!
6 bis 5 Punkte	4 bis 3 Punkte	Weniger als 3 Punkte

Seite 152

1. a) 8 Quadratzentimeter b) 8 Quadratzentimeter

2. a) 16 cm b) 12 cm

Seite 153

3. a) Flächeninhalt: 24 Kästchen, 6 Quadratzentimeter; Umfang: 12 Zentimeter
   b) Flächeninhalt: 28 Kästchen, 7 Quadratzentimeter; Umfang: 16 Zentimeter

Test:
1. Flächeninhalt: 10 Quadratzentimeter (2 Punkte); Umfang: 16 Zentimeter (2 Punkte)

Auswertung zum Test: Von insgesamt 4 Punkten hast du .... Punkte erreicht.

Super!	In Ordnung!	Bitte noch einmal üben!
4 bis 3 Punkte	2 Punkte	Weniger als 2 Punkte

Seite 155

1. Die Grundfläche, die Seitenflächen und die Deckfäche eines Würfels sind Quadrate.
   Die Grundfläche eines Quaders ist ein Rechteck (oder Quadrat),
   seine Seitenflächen sind Rechtecke (oder Quadrate).
   Die Grundfläche eines Kegels ist ein Kreis.
   Kegel und Zylinder haben kreisförmige Grundflächen.
   Die Seitenflächen von Pyramiden sind Dreiecke.

Test
1.

	Anzahl Ecken	Anzahl Kanten	Anzahl Flächen
Würfel	8	12	6
Quader	8	12	6
Kegel	–	1	1
Kugel	–	–	–
Pyramide	5	8	5
Zylinder	–	2	2
Prisma	6	9	5

Kapitel 6: Geometrie

Auswertung zum Test: Von insgesamt 21 Punkten hast du .... Punkte erreicht.

Super!	In Ordnung!	Bitte noch einmal üben!
21 bis 18 Punkte	17 bis 11 Punkte	Weniger als 11 Punkte

1. a) siehe rechts   b) 10   c) 20   Seite 156

2. (2) 27 Würfel   (3) 25 Würfel   (4) 23 Würfel   Seite 157
   (5) 30 Würfel   (6) 20 Würfel

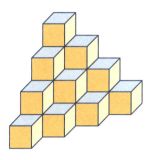

Test
1.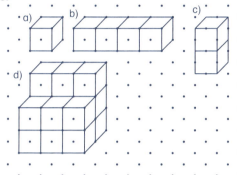

1 Punkt für a)
je 2 Punkte für b) und c)
5 Punkte für d)

Auswertung zum Test: Von insgesamt 10 Punkten hast du .... Punkte erreicht.

Super!	In Ordnung!	Bitte noch einmal üben!
10 bis 9 Punkte	8 bis 5 Punkte	Weniger als 5 Punkte

1. Zum Würfel passt das Netz C. Zum Quader passt das Netz B.   Seite 158
   Zum Prisma passen die Netze A und B.

2.   Seite 159

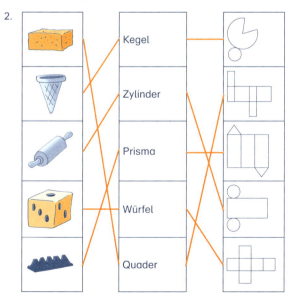

Lösungen

Test
1.

(beispielhafte Lösung, es gibt mehrere richtige Netze)

6 Punkte

Auswertung zum Test: Von insgesamt 6 Punkten hast du .... Punkte erreicht.

Super!	In Ordnung!	Bitte noch einmal üben!
6 bis 5 Punkte	4 bis 3 Punkte	Weniger als 3 Punkte

Seite 160

1.

Seite 161

2.

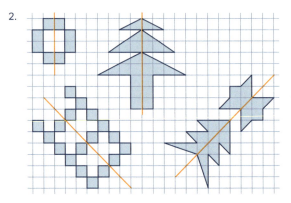

Test
1. keine Achse: 2   eine Achse: 4, 5, 8   mehrere Achsen: 1, 3, 6, 7

Auswertung zum Test: Von insgesamt 8 Punkten hast du .... Punkte erreicht.

Super!	In Ordnung!	Bitte noch einmal üben!
8 bis 7 Punkte	6 bis 4 Punkte	Weniger als 4 Punkte

Kapitel 6: Geometrie

1.
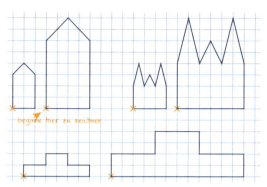

Seite 162

2.
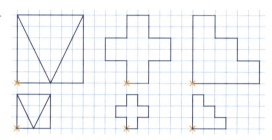

Seite 163

3. Der Maßstab 5:1 bedeutet, dass 5 cm im Bild 1 cm in der Wirklichkeit entspricht.

Test
1.
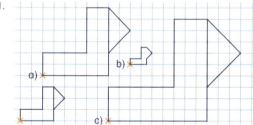

6 Punkte

Auswertung zum Test: Von insgesamt 6 Punkten hast du .... Punkte erreicht.

Super!	In Ordnung!	Bitte noch einmal üben!
6 bis 5 Punkte	4 bis 3 Punkte	Weniger als 3 Punkte

Glossar

Glossar

Hier findest du wichtige Begriffe noch einmal erklärt.

- Addieren: plus rechnen
- Analogieaufgaben: „verwandte Aufgaben"
- Diagonale: Strecken, die Ecken von Flächen oder Körpern miteinander verbinden.
- Differenz: Ergebnis einer Minusaufgabe
- Dividieren: geteilt rechnen
- Divisor: Zahl, durch die eine andere geteilt wird
- Dreidimenionalität (3-D): räumliche Darstellung von Körpern, die sich aus den Raumdimensionen Länge, Breite und Höhe ergibt
- Faktoren: Zahlen, die miteinander multipliziert werden
- Flächeninhalt: Maß für die Größe einer Fläche
- Summe: Ergebnis einer Plusaufgabe
- Summand: Zahl, die addiert wird
- Subtrahieren: minus rechnen
- Minuend: Zahl von der abgezogen wird
- Multiplizieren: mal rechnen
- Nachbarzahl: Eine Zahl hat zwei direkte Nachbarn (Vorgänger und Nachfolger).
- Nachbaraufgaben: Bei Nachbaraufgaben ist ein Faktor gleich.
- Perspektive: Betrachtungsweise von einem bestimmten Standpunkt aus
- Produkt: Ergebnis einer Malaufgabe
- Quadrataufgabe: Beide Faktoren sind gleich.

- Quadratzahl: Ergebnis einer Quadrataufgabe
- Subtrahend: Zahl, die abgezogen wird
- Symmetrie: Eigenschaft eines Objektes (Gegenstandes), durch Umwandlungen auf sich selbst abgebildet zu werden.
- Sudoku: ein japanisches Logikrätsel
- Umfang: die Länge der Begrenzungslinie einer ebenen Figur

Stichwortverzeichnis

A
Achsensymmetrie 160
Addition 32
- halbschriftlich 42
- Kommazahlen 108
- mit Zehnerübergang 34
- schriftlich 48, 52

Arithmetische Muster 138

D
Diagramme 136
Division 62
- Kommazahlen 110
- mit Rest 68

Dreieck 146

F
Flächeninhalt 152

G
Geld 106
Geraden 144
gerade Zahlen 64
Gewichte 122

H
Hundertertafel 12, 18

K
Klammern 36
Körper 154
Kreis 150

L
Längen 112, 114
Liter 128

M
Maßstab 162
Milliliter 128
Multiplikation 58

N
Nachbarzahlen 18
Nachbarzehner 18
Nachfolger 18
Netze 158

Stichwortverzeichnis

P
parallel 144
Parallelogramm 148
Primzahlen 64

Q
Quadrat 146
Quadratzahlen 90
Quadratzentimeter 152

R
Rauminhalte 128
Rechteck 146
Runden 30

S
senkrecht 144
Stellenwerttafel 8, 26
Strecken 144
Subtraktion 38
- halbschriftlich 42
- Kommazahlen 108
- mit Zehnerübergang 40
- schriftlich 50, 54

Sudoku 143

T
Tabellen 134
Tauschaufgaben 36, 60
Tausenderwürfel 22
Textaufgaben 130

U
Überschlagsrechnungen 56
Umfang 152
Umkehraufgaben 60
ungerade Zahlen 64

V
Vergrößern 162
Verkleinern 162
Vieleck 146
Vorgänger 18

W
Würfelgebäude 156

Z
Zahlenmauer 140
Zahlenstrahl 16
Zahlenstrich 16
Zahlen vergleichen 16
Zehnersystem 8
Zeitangaben 118
Zeitpunkt 120
Zeitspanne 120